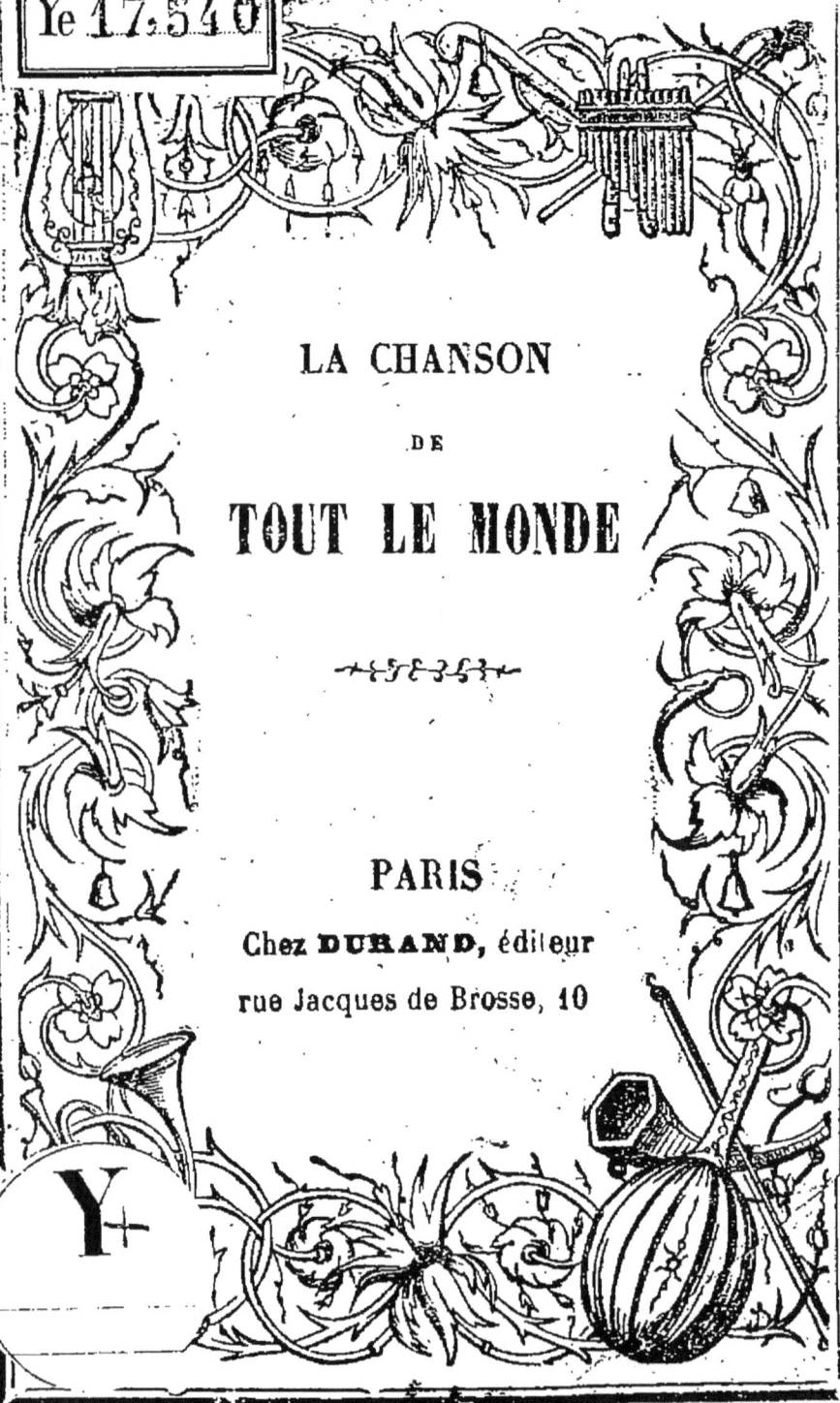

LA CHANSON

DE

TOUT LE MONDE

PARIS

Chez **DURAND**, éditeur

rue Jacques de Brosse, 10

LA CHANSON DE TOUT LE MONDE

LA CHANSON

DE

TOUT LE MONDE

CHANSONNIER NOUVEAU

PAR

Ch. Gille, V. Robineau, Ch. Colmance, V. Drappier,
H. Demanet, A. Dalès, A. Allais, M. Patez,
G. Leroy, Halbert d'Angers, N. Mouret,
Désiré Roger, Bonnefond,
L.-C. Durand.

PRIX : 50 CENT.

PARIS

DURAND, Éditeur

Rue Jacques de Brosse, 10

1861

Paris. — Typ. Beaulé, 10, rue Jacques de Brosse.

La Chanson de Tout le Monde

LA CHANSON DE TOUT LE MONDE

A r : *Pour faire un nid*
ou de *la Jeune fil e à l'éventail.*

Il est une chanson féconde
Qui se proJuit nuit et jour:
C'est la chanson de tout le monde,
   C'est l'amour !

C'est une voix universelle
Qui monte de la terre aux cieux ;
Un chœur où tout artiste excelle,
Où tout motif est gracieux.
La mer la murmure au rivage,
La montagne aux bois d'alentour ;
Harmonie exquise où sauvage,
Tout aime, tout chante d'amour.
   Il est, etc.

Le grillon l'enseigne aux familles
Que le saint foyer réunit,
L'oiseau la soupire aux charmilles,
Le bruyant coursier la hennit.
La diaphane demoiselle
La dit au bouquet d'ajoncs verts,
Et l'insaisissable gazelle
La jette aux sables des déserts,
   Il est, etc.

L'amour, divine symphonie,
Charme les humbles et les grands;
Lui seul inspire le génie,
Lui seul nivèle tous les rangs.
Près de la vierge il fait merveille ;
C'est quand il l'entraîne à l'hymen,

Que le cœur naïf de la veille
A tant d'esprit le lendemain.
   Il est, etc.

Sa voix, aux cités moins fatale
Que les clairons de Jéricho,
Pour remplir la couche natale
Jette un appel qui trouve écho.
Ses fanfares sont des caresses,
Et partout il marche en vainqueur ;
Il apprivoise les tigresses,
A l'avare il prête du cœur.
   Il est, etc.

Amour fécond que la nature
Oppose au temps dévastateur,
Doux parfum que la créature
Elève vers son créateur !
De la terre reconnaissante
Entends les éternels concerts !
Par toi la mort est impuissante
A dépeupler notre univers.

Il est une chanson féconde
Qui se reproduit nuit et jour,
C'est la chanson de tout le monde
   C'est l'amour !

          Victor RABINEAU.

La Fille sans façon

CHANSONNETTE.

Air : *Bonjour, mon ami Vincent.*

A vouloir se marier,
Toutes les filles raffolent,
Mais moi je me fais prier

Et je ne suis pas si folle.
Quand un amoureux me fait les yeux doux,
Je lui promets tout, je le rends jaloux,
Mais s'il va trop loin je prends la parole,
Je dis : Halte là ! j'n'aime pas les abus.
  C'est bien entendu,
  Il s'en va confus,
Un autre à sa place, il n'y paraît plus.

  Lorsque je me trouve au bal,
  Alors qu'un galant m'invite,
  Danser, ce n'est pas un mal,
  Mais s'il me dit : Ma petite,
Voulez-vous mon cœur, ma foi, mon amour,
Je vous aimerai la nuit et le jour.
Pour gage s'il veut un baiser de suite,
  Je dis : Halte là ! etc.

  Quand je vais me promener,
  Je sais soigner ma toilette ,
  N'allez pas me condamner,
  Car je ne suis pas coquette.
D'un joli garçon j'accepte le bras,
Je ris bien souvent de son embarras,
Mais s'il veut monter pour voir ma chambrette,
  Je dis : Halte là ! etc.

  Chaque jour les amoureux
  D sent : Vous êtes gentille,
  Vous avez de jolis yeux,
  Et pour vous mon cœur pétille.
J'aime leurs discours, j'aime la gaîté,
Mais par-dessus tout c'est ma liberté.
Si l'on attaque mon honneur de fille,
  Je dis : Halte là ! etc.

  Non, je ne resterai pas
  Pour coiffer sainte Cath'rine,
  Car je le sais ici-bas

La loi commune domine.
Lorsque je prendrai pour moi un époux,
Je veux qu'il soit bon, qu'il fasse à mes goûts,
Puis je vous le dis, ma foi de Rosine,
Faudra qu'il m'apporte beaucoup d'écus,
C'est bien entendu,
Voilà mon seul but,
Faites comme moi, et n'en parlons plus.

F.-E. PECQUET.

LA SAINT-LUNDI

Air de la Ronde des Conscrits.

Dis-donc, mon vieux Babilas,
C'est le lundi d' la paie,
Mettons le tablier bas,
Pour un jour qu'on s'égaie
L' patron ne grondera pas.
D'puis un mois nous faisons diète,
En avant, c'est dit,
Viv' la Saint-Lundi,
C' n'est pas tous les jours fête.

Viens dîner près du Pont-Neuf,
La gargott', ça me lasse,
C'est toujours soupe grasse et bœuf,
Et puis bœuf et soupe grasse ;
Puisque nous avons l'elbeuf,
Faisons fi de la guinguette,
En avant, etc.

Faisons nos conditions,
L' plaisir a ses scrupules :
Faudra pas qu' nous nous grisions

Au point d'êtr' ridicules.
Permis qu' nous nous amusions,
Mais nous dégrader, c'est bête.
    En avant, etc.

J' voudrais te désabuser,
Chez toi laisse ta dame ;
Lorsque l'on veut s'amuser,
N' faut pas emm'ner sa femme ;
On croirait qu' tu veux t' poser
Un bonnet d' nuit sur la tête.
    En avant, etc.

Mais que de monde amassé !
Un vieillard en détresse
Vient d' manquer d'être écrasé,
Donnons lui notre caisse...
Maint'nant l' quibus est rasé,
Mais c'est un' bonne action faite.
    En avant, c'est dit,
    Viv' la Saint-Lundi,
C' n'est pas tous les jours fête.

        Gustave LEROY.

LA VOISINE DE MADAME ROQUEFORT

Air : *Maman le mal que j'ai.*

Mon époux, coquin d' sort,
  M' fait perdr' la tête,
  J'en deviens bête.
Vous sentez, mam' Roqu'fort,
Que c'est un peu pardieu ! trop fort !

Ne croyez pas qu' c'est un' couleur,
Il m'en fait voir plus d'une grise,

Car d'un nègre il a la noirceur...
Mais d'abord, prenons donc un' prise.

Cet épouvantable mari,
Quoique assez laid de la figure,
S' permet (voyez comm' c'est poli),
De m' traiter d' vieill' caricature...

Jadis il m'app'lait son p'tit chou,
Son p'tit trognon, sa p'tit' bichette,
Maint'nant il m' dédaign' comme un sou
Qui gît au fond d'un' vieill' cassette.

J' lui fricass' l'autre jour, quel malheur!
(Avec du bœuf et d' l'échalotte),
Un lapin qui lui fit l'ver l'cœur,
Comm' si j'étais dans c'te gib'lotte...

Parce que j'ai le nez ponceau,
Croyez-vous qu'il mo fait la guerre,
Disant qu' je n' devrais boir' que d' l'eau ;
Il sait pourtant qu' l'eau m'est contraire.

Il m' reproch' jusqu'à mon tabac,
Faut qu' je m' bourr' le nez en cachette,
N'y a qu' ça qui m' soutient l'estomac,
Avec trois p'tits verr's d'anisette.

Il s'arrange de tell' façon
Que pour m'égayer chaqu' dimanche,
Faut que j' lui r'bouch' son pantalon
Ou que j' lui r'passe un' chemis' blanche.

Il fait sur moi d' cancans affreux,
A c' point, mam Bonbec, la portière,
Non sans rougir, sentit qu' ses ch'veux
S' dressaient sur son bonnet... ma chère!

Moi qui suis douc' comme un mouton,
Il m' trait' comme un chien, ça m' taquine,
Aussi l'autr' jour d'un coup d'bâton
J' lui frictionnai drol'ment l'échine.

Ah ! qu'vous êt's heureus', mam Roqu'fort,
D' pleurer enfin sur votr' troisieme,
N' fait's pas comme' moi, vous auriez tort,
N'en r'prenez pas un quatrième.

Le mien peut se perdre vraiment,
Sans que pour l' retrouver j' l'affiche,
A lui j' tiens moins assurement
Qu'à Médor, mon fidel' caniche.

Les époux, soit dit entre nous,
Je crois qu' c'est un' marchandise :
A peu-près comm' les cantalous,
Faut l' nez bien creux pour n'y êtr' pas prise.

MAURICE PATEZ.

LA TIREUSE DE CARTES

ROMANCE

Air : *Pour faire ce doux nid de mousse*
ou de la Jeune Fille à l'éventail.

— La vieille, avez-vous dit, petite,
Fais-moi les cartes à mon tour.
— J'y consens, jeune Marguerite,
Et vous les fais sans nul détour.
Ce jeu que pour vous j'interroge
Sait lire dans votre avenir :
Il dit que votre cœur déroge
A la vertu pour le plaisir.

Croyez aux cartes, Marguerite,
Révélatrices des amours;
Au travail comme à l'inconduite
Les cartes disent vrai toujours.

Ce *valet* dit qu'en mariage,
Ce soir même, un jeune blondin
Vous demandé; il serait dommage
De lui refuser votre main....
Près de lui ce *trèfle* qui passe
De la fortune est un agent :
Marguerite, êtes-vous de glace?
Au cœur vous préférez l'argent!
    Croyez, etc.

Dans un séduisant équipage
Ce *pique* à moi vous montre ici :
Là, vous repoussez au passage
Tout ce qui souffre, sans merci!
Au brillant quartier des lorettes
De voluptueuses Péris
Vous entraînent... enfin vous êtes
Reine des amours de Paris!
    Croyez, etc.

Enfant, voici ma *réussite :*
Au chevet d'un sombre hôpital
L'erreur enfin vous a conduite!
C'est le deuil au sortir du bal !...
Pour moins vous attrister que n'ai-je
A vous montrer un plus beau jour?
Fuyez donc le triste cortége
Des bohémiennes de l'amour!

Croyez aux cartes, Marguerite,
Révélatrices des amours;
Au travail comme à l'inconduite
Les cartes disent vrai toujours.

Joseph EVRARD.

Nicolas l'Amoureux

ou

VOUS ET TOI

CHANSONNETTE COMIQUE.

Air : *Ça va bon train,* ou : *Marie-toi donc.*

Si vous saviez combien que j' t'aime,
J' vous le jure, foi d' Nicolas,
Tu le vois j'en deviens tout blême,
Retirez-moi de l'embarras,
M'âimes-tu ou n' m'aimes-tu pas?
— Tu me déclares ta tendresse,
Je le sais, c'est sur le bon ton,
Mais franchement, je le confesse,
    T'as l'air d'un m'lon.   *4 fois.*

Si vous voulez être ma femme,
Tu verras, nous serons heureux,
Vous serez la maîtresse et dame,
Je ferai tout selon tes vœux,
Ce que vous voudrez, je le veux.
— De promesses tu n'es pas chiche,
Mais je te le dis, mon bichon,
Ta tournure est par trop godiche.
    T'as l'air d'un m'lon.

Chaque nuit je vous vois en songe,
Tu ne voulrais pas mon malheur,
Je ne vous fais pas un mensonge,
Car toi seul' possède mon cœur,
Je vous le dis sur mon honneur.

— Je n'ai pas de peine à te croire,
Mais, entre nous, pauvre garçon,
Ma parole, foi de Victoire,
   T'as l'air d'un m'lon.

Regardez donc moi bien en face,
Tu le vois, je suis bien tourné,
J' fus moulé dans un cor de chasse,
Mais aussi je suis fortuné,
C'est c' qui prouve que j' suis bien né.
— Quand je regarde ta figure
Et ta taille sans façon,
Tiens, Nicolas, je te l'assure,
   T'as l'air d'un m'lon.

Je pense à vous chaque journée,
Tu ne me sors pas de l'esprit,
Dites-moi l'heure fortunée
Où tu me prendras pour mari,
Rien qu'un seul mot, cela suffit.
— Tu ne pourrais jamais me plaire,
Toi, mon époux, ah bien, c'est bon!
Tout cela ne me tente guère,
   T'as l'air d'un m'lon.

F.-E. Pecquet.

LA CINQUANTAINE

Air: *Si les fleurs parlaient* ou de *Béranger*
   à l'Académie ou *Tu grandiras.*

J'ai cinquante ans, adieu troupe jolie
De sylphes d'or, rêves de l'avenir,
Ne tintez plus, grelots de la folie,
Mais laissez-moi quelque gai souvenir.

Dès que l'espoir fuit les vieillards moroses,
Des souvenirs ils remontent le cours ;
Gentils.lutins aux mains pleines de roses, } bis.
Ah ! revenez (*bis*) sourire à mes vieux jours. }

Quand l'Espérance à la robe émeraude,
A nos quinze ans, pour guide, offre sa main,
Le cœur naît, papillonné et maraude,
Puis, il se blesse aux buissons du chemin.
Mais l'avenir lui promet tant de choses,
D'abord, il songe aux riantes amours ;
Gentils lutins, aux mains pleines de roses,
Ah ! revenez (*bis*) sourire à mes vieux jours.

Voici trente ans : la gloire, les richesses,
L'ambition, nous offrent leurs faveurs ;
Si de leurs fruits, aux menteuses promesses,
Nous n'obtenons que d'amères saveurs,
L'espoir sourit et dit, plaidant leurs causes :
Courage ! au but on arrive toujours.
Gentils lutins, aux mains pleines de roses,
Ah ! revenez (*bis*) sourire à mes vieux jours.

Nous espérons en entrant dans la vie,
Car nous avons la Foi, la Charité,
Le voile tombe, et l'Orgueil et l'Envie
Nous font vieillir avec rapidité.
Les souvenirs, quand les luttes sont closes,
A nos douleurs apportent leurs secours.
Gentils lutins, aux mains pleines de roses,
Ah ! revenez (*bis*) sourire à mes vieux jours.

Mᵐᵉ E. Rabineau.

LES GOUTS

Air des *Canotiers de la Seine.*

Puisque sur cette terre
Les goûts sont beaux ou laids,

Chacùn dans notre sphère,
Amis, contentons-les.
Le goût n'est qu'une envie
Et quand il ne nuit pas
A personne, il obvie
Aux chagrins d'ici-bas.
  Suivons,   *bis.*
Pour égayer la vie,
  Suivons   *ter.*
Les goûts que nous avons.

Homme au cœur platonique,
Homme au cœur oublieux,
Dont le penchant indique
Des sens vifs, amoureux,
L'amour est un beau rêve
Qui trop vite s'enfuit...
Quand le soleil se lève
Ou quand descend la nuit,
  Aimez,   *bis.*
La femme est fille d'Eve ;
  Aimez,   *ter.*
Cœurs toujours enflammés.

Buveurs, Dieu ! quelle fête !
A vous le jus divin,
Car, grâce à la comète,
Nous avons tant de vin
Que fûts de toutes tailles
N'ont pu le contenir ;
Dussiez-vous aux murailles,
Chancelant, vous tenir,
  Buvez,   *bis.*
Remplacez les futailles ;
  Buvez   *ter.*
Tant que vous pourrez.

Vous, âmes alarmées,
Voyant tout au rebours,
Eponges animées
Qui larmoyez toujours,
Au spectacle, mesdames,
Vous cherchez sans raison
Des assassins infâmes,
Des duels, du poison ;
    Pleurez,   *bis.*
A nos grands mélodrames ;
    Pleurez,   *ter.*
Vous vous amuserez.

Vous, penseurs, dont la tâche
Est d'aider nos esprits,
Compulsez sans relâche
Les anciens manuscrits ;
Parcelles à parcelles
Vous rassemblez pour nous
La gerbe d'étincelles
Qui rejaillit sur tous.
    Pensez,
La tâche est des plus belles ;
    Pensez,   *ter.*
Vous qui nous instruisez.

                  Gustave LEROY.

LE CHAPELIER DE ROSINE

Air de *la Pauvre enfant.*

Une jeune ouvrière
Aimait un ouvrier
    Chapelier,
Elle en était si fière,
Et trouvait son galant

Si charmant,
Qué l' matin ou l' soir
On pouvait la voir
Se prom'nant dans l' quartier
Avec son cha (*bis*), avec son chapelier.

Cette aimable fillette
Avait l' pied très-bien fait,
Pas d' corset,
Un p'tit nez en trompette,
Un cœur brûlant d'amour
Comme un four,
Aussi qu'on l'aimait,
Qu'on la chérissait,
Du premier au grenier
Ainsi qu' son cha (*bis*), ainsi qu' son chapelier.

Ell' se nommait Rosine,
Lui s' nommait Nicolas
Ou Thomas,
Elle était orpheline,
Lui n'avait pas d' parents
D'existants,
De c' sort affligeant
Rosin' pleurait tant,
Qu'elle en faillit s' noyer
Avec son cha (*bis*), avec son chapelier.

Elle aimait la galette,
Les p'tits pains au beurr' fort
Et l' roqu'fort,
Et f'sait dans sa chambrette
Cuire une om'lette au lard
Avec art,

Et souvent, dit on,
D'un' tête d' mouton
S' régalait volontiers
Avec son cha (*bis*), avec son chapelier.

Au bal chaque dimanche
Elle allait s' délasser
A danser,
Elle avait un' rob' blanche,
Un joli caraco
De calicot.
Des bottes d' Bastien
Qu'elle dansait bien
Le quadrill' tout entier,
Avec son cha (*bis*), avec son chapelier.

Elle aimait la musique,
Jouait du mirliton
A piston.
D'une voix magnifique,
Elle chantait Malbrough
Jusqu'au bout.
Puis le Juif-Errant,
Morceau d' sentiment,
Sans s' fatiguer l' gosier,
Avec son cha (*bis*), avec son chapelier.

Revenant de la foire,
Par un temps de brouillard,
Assez tard,
S' j'ai bonne mémoire,
On ne se voyait pas
A deux pas,
Cett' fill', quel malheur,

Jugez d' sa douleur...
Au détour d'un sentier...
Perdit son cha (*bis*), perdit son chapelier.

On chercha dans la foire
Pour retrouver cet amour
Avant l' jour.
Espérance illusoire,
On n' retrouvait hélas !
Qu'un de ses bas.
Quand près d'un ruisseau
Pleurant comme un veau,
Rosine en son entier
R'trouva son cha (*bis*), r'trouva son chapelier.

Voulant du voisinage
Eviter les caquets,
Peu discrets,
Rosine en fille sage
Vient d' quitter son log'ment
Prestement,
Et puis pour toujours,
Fixant ses amours,
Vient de se marier
Avec son cha (*bis*), avec son chapelier.

M. PATEZ.

UNE AUMONE

Air de *Maure et Captive*.

J'aime à te voir, Rose ma belle,
Broder du matin jusqu'au soir
Le tissu fin d'une dentelle,
Ou les coins d'un riche mouchòir.
Je vois que ton travail, ma chère,
Est une offrande à l'orphelin.
Avec le septuagénaire
Souvent tu partages ton pain.

La très-sainte Madone
Te contemple des cieux,
Lorsque d'un malheureux
Tu sais faire un heureux,
Lui faisant une aumone,
Une aumone.

Non, tu n'es jamais la dernière
A prêcher pour l'humanité.
Ta main est toujours la première
A prévoir la mendicité;
La course d'une fine aiguille
Sèche les larmes du malheur.
Chacun admire, oh! ma gentille,
Les bontés de ton noble cœur.

La très-sainte madone, etc.

Le dimanche à la grande messe,
Parmi les dames du saint lieu,
Tu quêtes, et redis sans cesse:
Donnez, faites plaisir à Dieu;
Il vous rendra dans l'autre monde

Le bien que vous faites ici ;
Et les indigents, à la ronde,
Par ma voix vous diront merci.

La très-sainte madone
Te contemple des cieux,
Car, pour les malheureux
T'implores des heureux
Le denier d'une aumone,
Une aumone.

A. REMY.

LE PAYS DES OISEAUX

Air de *la Musette*
Ou : *Au Rendez-vous des Auvergnats.*

Vous que charme un riant mensonge,
Fermez vos yeux et vos rideaux,
Venez visiter dans un songe
L'étonnant pays des OISEAUX.

C'est un pays des plus féeriques,
Tout vous exalte dans ce lieu,
Les monuments et les portiques
Sont les arbres verts du Bon Dieu.

La nature est poétisée ;
Le soleil, quand tout dort encor,
Sur chaque goutte de rosée
Vient mettre une paillette d'or.

Mais ce peuple, comme tant d'autres,
Du bonheur tomba dans l'abus.
Ses mœurs ont imité les nôtres,
Et les oiseaux se sont perdus.

Les plaisirs étant nécessaires,
Il s'est créé de laids métiers :
Les VAUTOURS, grâces à leurs serres,
Sont devenus des usuriers.

Quelques sémillantes coquettes
Ont trop voulu se prévaloir,
Presque toutes les ALOUETTES
Se prennent avec un miroir.

Devant l'erreur et l'impudence
L'attrait de l'hymen a cessé,
Pendant que j'y fis résidence,
Tous les COUCOUS ont divorcé.

J'ai trouvé deux cent mille PIES
Prêtes à quitter leurs foyers,
Pour Paris elles sont parties
Afin de devenir portiers !

Tous les PAONS se sont faits artistes,
Et tous les PERROQUETS acteurs,
Les CANARDS sont les journalistes,
Car les canards sont si menteurs !

La FAUVETTE est la cantatrice
Au timbre de voix éclatant,
A l'Opéra plus d'une actrice
Voudrait pouvoir en dire autant.

Les danseuses pas mal ventrues
Sont peu fortes sur le mollet,
C'est de CIGOGNES et de GRUES
Qu'est formé le corps de ballet.

Dans un drame farci de crimes,
Le PÉLICAN saisit les sens ;

J'ai trouvé dans les pantomimes
Les petits PIERROTS amusants.

J'ai vu de faibles MAUVIETTES
Du spadassin prendre les airs ;
Enfin j'ai vu que les CHOUETTES
Ne sont pas aux cafes-concerts.

Leur passé vertueux s'écroule,
Car j'ai, dans des estaminets,
Vu des coqs qui jouaient la POULE...
Et des poètes SANS SONNETS.

Tout comme nous ils ont leurs joies,
Comme nous ils ont leurs chagrins ;
Tous les ivrognes sont des OIES,
Et les amoureux des SERINS.

La douceur, je vous le déclare,
N'unit pas toujours les époux,
Chez eux la COLOMBE est fort rare,
Absolument comme chez nous.

Vous que charme un riant mensonge,
Fermez vos yeux et vos rideaux,
Venez visiter dans un songe
L'étonnant pays des OISEAUX.

Gustave LEROY.

MADEMOISELLE FRISETTE

Air de *Don Sanche.*

Je suis amoureux
De tes jolis yeux bleus,
Ma Frisette,
Ma belle grisette,

Je t'aime, et ton cœur
M'a nommé son vainqueur,
   Aimons-nous
En dépit des jaloux.

Le premièr jour où je te vis
C'était un jour de Pâques,
Je m'en souviers, je te suivis
Jusqu'au quartier Saint-Jacques.

   Je suis amoureux, etc.

Dans ton poétique faubourg,
Mon âme aimante et fière
Dans ton cœur a versé l'amour
En buvant de la bière.

   Je suis amoureux, etc.

Je. n'ai pas un sou, tu n'as rien,
Tant pis pour le notaire,
On peut se marier sans bien,
Devant monsieur le maire.

   Je suis amoureux, etc.

Sans être né dans le Tyrol,
Notre voix est drolette,
Je chante comme un rossignol,
Toi, comme une fauvette.

   Je suis amoureux, etc.

Pour charmer mon goût casanier,
La pipe est ma recette.
Toi pour parfumer ton grenier,
Tu prends la cigarette.

   Je suis amoureux, etc.

Ta gaîté s'endort dans un coin,
Mes pensers sont moroses,

Demain nous irons à Saint-Ouen,
Nous couronner de roses.
　Je suis amoureux, etc.

Si j'étais papillon vermeil,
Toi, pervenche nouvelle,
Pour te garan'ir du soleil,
Je t'offrirais mon aîle.
　Je suis amoureux, etc.

Hier j'ai fait mon testament,
Je te lègue en partage,
Les frais de mon enterrement
Pour unique héritage.
　Je suis amoureux, etc.

MOURET.

LE MARI DE JEANNÈTTE

Air des *Anguilles et la jeune fille* ou du *Vieux
　Braconnier* ou de *la Rose des champs.*

Je suis heureux avec Jeannette
Depuis bientôt un an d'hymen.
Certes, ma femme est très-honnête,
Cela se voit sans examen.
Son seul défaut d'un grand calibre,
C'est de me suivre... un tort qu'elle a !
Je me dirais cent fois plus libre
Si Jeannette n'était pas là !

Je la crois loin un beau dimanche,
Je joue avec quelques amis,
Rentrant dès la première manche
Madame se croit tout permis.
Le plus prudent est de me taire
Pour mettre à ses cris le holà.

Je serais fort de caractère
Si Jeannette n'était pas là.

Pour égayer la créature
Le créateur fit le bon vin,
Veux-je en goûter par aventure,
On me dit : Non ! J'exclame en vain !
Ma bonne étant trop distinguée
Ne peut me voir comme cela....
J'aurais parfois l'âme bien gaie
Si Jeannette n'était pas là.

Veuf ou garçon, rien n'émoustille
Comme l'aspect d'un fin minois.
Près d'une blonde assez gentille
Je jette un coup d'œil en sournois,
De mes désirs plus économe
J'éteins un feu qui me brûla....
Je me croirais encore un homme
Si Jeannette n'était pas là !

Il est, je crois, presqu'impossible
De voir époux si bien doté !...
Ma chère épouse au cœur sensible
Reste toujours à mon côté.
Quoiqu'on recherche avec instance
Le sort flatteur où me voilà...
Je goûterais mieux l'existence
Si Jeannette n'était pas là !

Hippolyte DEMANET.

La Fête-du Pays

CHANSONNETTE VILLAGEOISE.

Air des *Petits Agneaux*. (Charles Colmance.)

En avant les amis,
Que chacun s'apprête,

Que les jeux et les ris
Président à la fête;
Buvons et chantons,
Que l'allégresse soit complète,
Puisque c'est la fête
De notre pays.

C'est le plus beau des jours
Pour l'aimable jeunesse,
Chacun des alentours
Partage notre ivresse;
Là, pas de soucis,
La franche gaîté nous rassemble,
Restons tous ensemble
Puisque nous voilà réunis.

En avant, etc.

Le soleil radieux
Eclaire nos campagnes,
Voyez les amoureux
Conduisant leurs compagnes:
Ils parlent d'amour,
Puis de projets de mariage,
La fillette sage
Lui promet son cœur en retour.

En avant, etc.

Invitons pour danser
Chacun sa connaissance,
Et sans vous offenser
Honni qui mal y pense;
En ce jour joyeux,
Il n'est pas défendu, j'espère,
De chercher à plaire,
Ce bonheur-là nous rend heureux.

En avant, etc.

Buvons à la santé
De la noble vieillesse,
Buvons à la beauté,
Et que chacun s'empresse;
Voici le signal,
N'entendez-vous pas la musique?
Par un pas comique
Je veux enfin ouvrir le bal.
En avant, etc.

F.-E. Pecquet.

NOUS VOUS MARIRONS (*)

Air : *C'est la Codaki* ou *Homme noir d'où
sortez-vous.*

Enfin, nous y voila donc,
Gare à vous célibataires;
Nous vous demandons pardon
D'aller troubler vos affaires;
Mais il faut vous marier au plus tôt,
Ou bien vous résoudre à payer l'impôt.
Pour que vous cessiez d'être solitaires
Nous aurions signé vingt pétitions,
          Nous vous marirons   (*bis*).
Gros, chétifs ou laids, vous tous vieux garçons.

Vous aviez cru pour toujours
Pouvoir éviter nos chaînes,
Mais l'on connaît vos détours,

(*) Il se colporte dans plusieurs ateliers de femmes à Lyon une pétition adressée au Sénat, dans laquelle les signataires demandent que l'on frappe d'un impôt, comme improductifs et inutiles, tous les célibataires ayant atteint l'âge de quarante ans. Extrait du *Siècle* du 6 Janvier 1868. (Note de l'auteur).

Nous les comptons par centaines.
Amende honorable, il en est grand temps,
Car beaucoup de vous ont plus d'quarante ans.
A genoux aux pieds de vos souveraines,
Allons dépêchez, et nous pardonnons.
Nous vous marirons, etc.

L'on voit, quelle indignité !
Des filles jeunes et belles,
Malgré leur ton, leur beauté,
Vivre et mourir demoiselles.
Pour ce seul fait vous méritez la mort,
Mais cela pourrait nous faire du tort.
Nous aurions pu nous montrer plus cruelles;
De vous marier nous nous contentons.
Nous vous marirons, etc.

Vous aurez, dans peu de temps,
Et c'est déjà quelque chose,
Une femme et des enfants,
Tout ça frais comme une rose.
Mais, en bon père il faudra, c'est certain,
Laver la couche et faire le gratin !...
Si votre famille est à peine éclose
Elle augmentera, nous en répondons.
Nous vous marirons, etc.

Bref, vous voyez le débat,
Prenez un parti fort sage;
Renoncez au célibat
Pour tâter du mariage.
Si notre projet peut être accepté,
Il rendra service à l'humanité.
Il punit d'abord bien plus d'un volage,
Et pour les punir nous les épousons.
Eh dam ! nous vivrons   (bis).
Pour faire enrager tous les vieux garçons.

Armand MORDRET.

LA FÊTE DE CHEUX NOUS

Air des *Jolis Pantins.*

Oh! la bell' journée,
J'ons ri comm' dés fous,
Qu'elle était soignée,
La 'êt' de cheux nous.

} bis.

Drès l'matin l'soleil était de la fête,
Les oiseaux chantaient avec le bourdon,
Qui semblait nous dir' (lui qu'est pas si bête,)
Ça va commencer, vite arrivez donc,
Arrivez; din, don, arrivez; din, don.
Je n' fais un' ni deux, j'enfil' ma bell' blouse,
J' cours... v'là des Hercul's, v'là des physiciens,
Déjà l'on dansait et j' vois sur la p'louse,
Un orchestr' nombreux de... trois musiciens!

Oh! la bell', etc.

J' vois des tourniquets et d' la porcelaine,
On gagn' pour deux sous... je m' trouve séduit,
L' marchand dit : « Jeune homme, essayez votr'
[veine. »
J' tourn'... j'ai le gros lot! voyez mon ennui,
Devinez c' qu'on m' donne? Un vase de nuit!
Je n' peux pas pourtant aller à la danse
Avec c't ins'rument, j'en ai pas besoin;
Et puis ça m' taquin', car tant plus j'y pense,
C'est qu' malheureus'ment je n' m'en servons
Oh! la bell', etc.   [point.

Cristi! qu' c'était haut le mât de Cocagne,
Et puis savonné! .. qu' c'est pas engageant;

J' voyais miroiter les objets qu'on gagne,
Un' pipe, un' timbale, un coucou d'argent,
Jetant au soleil un reflet changeant :   [glisse,
V'là Claud' qui descend, mon Dieu! comme il
Patatras!... il tombe, ah ben! gar' dessous!
Il s'est, il est vrai, fracturé la cuisse,
Mais il gagn' tout d' même un' pip' de cent sous.
   Oh! la bell', etc.

La gross' caisse gronde et le tambour roule,
C'est la femm' sauvag' qu'on va nous montrer,
L' paillasse déjà nous fait voir la poule,
L'étoup', les cailloux qu'oll' doit dévorer,
Ça n' coûte qu'un sou, pardin', j' vais entrer.
J' vois un' femm' noircie avec du cirage;
Je n' répèt'rai pas les mots qu'ell' grinça;
Mais j' disais, r'luquant cett' femme sauvage,
Les fill's de cheux nous ne l' sont pas tant qu' ça.
   Oh! la bell', etc.

C' qui fut l' plus gentil, c'est la cours' nautique;
Et le dénoûment nous fit rire tous.
On jette à la nage un porc magnifique,
On l' graiss' bien épais avec du saindoux,
Derrière et devant, dessus et d'essous.
Par la queue il faut que l' nageur l'empoigne;
Mathieu s' lance à l'eau, puis l' rattrape en
       [ch'min,
Il serr' tant la queue autour de sa poigne,
Qu' l' superflu du porc lui rest' dans la main.
   Oh! la bell', etc.

J' vois un' long' toil' brune étendue à terre,
J'avions beau r'garder, j'connaissions point c'la,
J'étais curieux d' pénétrer c' mystère;
Tout d'un coup j' la vis qui s' grossit, s' gonfla,

Je m' disions en moi : Queuqu' c'est qu' c'tte
Écoutez moi ben et vous allez rire,   [bêt'-là ?
J' étais à côté d'un grand monsieur blond,
Je m' mis à m' sauver, quand j' l'entendis dire :
« Je crois qu'il est temps, d' leur enl'ver l'
        Oh ! la bell', etc.   [ballon. »
                    Gustave Leroy.

MA CUISINIÈRE

Air des *Anguilles et la jeune fille* ou de *la Rose
des champs* ou *des Roses aux Rosiers.*

J'ai fait choix d'une cuisinière
Dont je suis vraiment satisfait,
Et, je vous le dis sans mystère
J'adore tout ce qu'elle fait.
Elle ne reçoit rien pour ses gages,
Le prix n'est pas trop cher, je crois,
Elle m'offre bien des avantages
La cuisinière de mon choix.

D'abord, elle n'est pas bavarde,
C'est vraiment tres-rare aujourd'hui,
Et jamais elle ne se hasarde
D' s'occuper des affaires d'autrui.
En vertu c'est une Lucrèce,
On ne peut jamais trouver mieux.
Dans le quartier, je le confesse,
On n' lui connaît pas d'amoureux.

Elle a d'autres vertus encore
Dont je suis moi-même enchanté,
La principale qui l honore
C'est à coup sûr sa probité.

Depuis qu'elle est à mon service,
Je puis bien le certifier,
La pauvrette est encor novice
Pour fair' danser l'ans' du panier.

Quand je la gronde, c'est un ange,
Elle ne me répond pas un môt,
Aussi, partout on me louange
D'avoir rencontré si bon lot.
En nourriture elle est très-sobre,
Ses mets n' sont pas exorbitants,
Qu'on soit en juillet, en octobre,
Ell' peut vivre de l'air du temps.

Elle est petite, mais jolie,
Tout le voisinage le sait bien;
Elle est passablement *polie*
Quoiqu'elle ne dise jamais rien.
Elle n'est pas très-exigeante,
Et pas plus le jour que la nuit,
La cuisinière que je vante
N'a jamais couché dans un lit.

La chose vous semble bizarre,
Et vous qui m'écoutez enfin,
Un' telle cuisinière est rare,
Vous le pensez, j'en suis certain.
Mais, je vais d'un mot, je l'espère,
Faire cesser votre étonnement.
Sachez donc que ma cuisinière
Est un' cuisinière de ferblanc.

Victor Gaucher

Aux Chrétiens de Syrie

Air des *Cosaques* où de *la Voix du Canon*.

Ivre de sang, une horde sauvage,
Flot débordé de l'antique Liban,

De son chemin fait un champ de carnage,
Le sang chrétien rougit le yatagan,
Partout la flamme en un vaste incendie
Des meurtriers éclaire les fureurs.
Pour vous venger, chrétiens de la Syrie, } bis
A vous nos bras, nos armes et nos cœurs!

De quels tableaux s'afflige la nature ?
Jour éclatant, dérobe ta clarté !
Des corps humains privés de sépulture
S'offrent partout à l'œil épouvanté ;
Plus que lions et tigres en furie,
Quoi ! l'homme a donc des instincts destructeur
Pour vous venger, chrétiens de la Syrie,
A vous nos bras, nos armes et nos cœurs !

Pauvres enfants, sur le sein de vos mères,
Ou sommeillant la nuit dans vos berceaux,
Vous périssez comme ont péri vos pères,
Aux coups affreux de ces lâches bourreaux !
Pauvres enfants, martyrs en cette vie,
Allez des cieux admirer les splendeurs.
Pour vous venger, chrétiens de la Syrie,
A vous nos bras, nos armes et nos cœurs

Outrageant tout jusques à la prière,
Ils vont briser de leurs barbares mains
Du dieu chrétien la vieille croix de pierre
Et de débris ils jonchent les chemins ;
Puis des tombeaux la dépouille blanchie
Voit s'imprimer leurs pieds profanateurs !
Pour vous venger, chrétiens de la Syrie,
A vous nos bras, nos armes et nos cœurs !

Infortunés, en tombant sans défense,
Comme autrefois nos glorieux martyrs,
L'écho redit cette clameur immense,

Sublime appel de vos derniers soupirs!
Que votre sang d'une terre appauvrie
Dans l'avenir regénère les fleurs.
Pour vous venger, chrétiens de la Syrie,
A vous nos bras, nos armes et nos cœurs !

Flot dispersé sous ce sanglant orage,
Tristes débris échappés à la mort,
Ranimez-vous et reprenez courage,
La France enfin veille sur votre sort.
Des cœurs aimants le monde est la patrie,
A chaque pleur ils vont mêler leurs pleurs :
Pour vous venger, chrétiens de la Syrie,
A vous nos bras, nos armes et nos cœurs!

M. P.

MENTEUR ET BOUDEUSE

Air de Belle nuit ou la Fille du peuple.

ALPHONSE.

Gentille Irma, de votre indifférence,
Je ne sais plus que penser des soucis
Que votre front exprime à ma présence.
Répondez-moi, je l'exige, à tout prix.
Ai-je froissé votre cœur? Oh ! ma belle,
Soyez-donc franche ; éloignez les abus,
Pour mon amour vous êtes bien cruelle.
Ne boudez plus, Irma, ne boudez plus. *bis.*

IRMA.

Vous exigez, je crois, une réponse;
C'est très-facile et même en peu de mots
Je puis ici vous satisfaire, Alphonse,

En soulageant mon cœur de bien des maux.
N'avez-vous pas, au grand bal de la fête,
Conduit Louise en vantant ses vertus.
Ne cherchez pas encore une défaite.
Ne mentez plus, monsieur, ne mentez plus.

ALPHONSE.

Ma pauvre Irma, comment la calomnie
M'aurait montré ainsi devant vos yeux.
Informez-vous à ma sœur Eugénie
Qui vous dira que nous étions tous deux
A soulager notre mère malade
Qui réclamait de nous les soins voulus.
Sur ces motifs cessez votre air maussade.
Ne boudez plus, Irma, ne boudez plus.

A ces aveux, vous retenez vos larmes ;
Ne craignez rien, ma mère, hors de danger,
Dit que vous voir pour elle aurait des charmes.
Son entretien venez donc partager.
De mon amour pourquoi douter sans cesse.
Ne croyez plus à des caquets confus.
Fleur de beauté, cœur d'or à ma tendresse.
Ne boudez plus, Irma, ne boudez plus.

A. REMY

La Marguerite

ROMANCE.

Air : *Pour faire un nid*
ou de la *Jeune Fille à l'éventail.*

Allez cueillir la marguerite,
Pour voir s'il vous aime toujours,
Mais surtout comptez bien, petite,

Les pétales de son contour,
Cueillant cette fleur printanière,
Ne tremblez pas pour l'avenir,
Car souvent elle est mensongère,
Et parfois vous fait bien souffrir.

Jeunes amants, sur la verdure
Allez folâtrer chaque jour,
Laissez la fleur à la nature,
Que peut-elle faire à l'amour ?

La fleur n'est qu'un simple symbole,
Qui fait souvent battre le cœur,
Pour l'amante c'est une idole,
C'est le message du bonheur;
L'amant près de sa douce amie,
Voyant sur le bord du chemin
La marguerite si jolie,
Lui dit : C'est la fleur du destin.

Jeunes amants, etc.

Pour tout savoir elle la cueille,
Disant : Il m'aime, un peu, beaucoup,
Passionnément : la belle feuille !
Mais le chagrin, c'est : pas du tout;
Foulant aux pieds la marguerite,
Souvent elle verse des pleurs,
De jalousie son sein s'agite,
Cette fleur cause ses douleurs.

Jeunes amants, etc.

Ne croyez pas à cet oracle,
Que vous prédit la fleur des champs,
Dans vos amours c'est un obstacle,
Qui cause souvent vos tourments;
En vous seuls ayez confiance,

Ne consultez que votre cœur,
La marguerite à l innocence,
Oui, parfois, lui porte malheur.

Jeunes amants, etc.

F.-E. PECQUET.

LA RECHERCHE DE L'IMPOSSIBLE

Air : *C'est l'heure où s'endorment les roses.*

Grâce à mes nerfs assez sensibles,
Je me suis crée des loisirs;
Les choses les plus impossibles
Ont toujours flatté mes désirs;
Ces goûts que j'érige en système,
Vous allez les désapprouver :
Deux homm's qui pensass'nt de même,
Voila c' que j' voudrais bien trouver.

Lucréce, la Romaine antique,
Redoutant l'amour de Tarquin,
Préféra la mort héroïque
Au libertinage me quin,
Depuis vingt ans j'aima s' ma tendresse,
Quel cœur pourrais-je en abreuver?
Un' femme aussi sag' que Lucrèce,
　　Voila, etc.

J' suis passionné pour la lecture,
Je lis tous les in-octa.os;
En vain dans la littérature
Je cherche les sujets nouveaux;
Un auteur qui, fidèle apôtre
Du progrès..., puisse se priver
De recrir' le livre d'un autre
　　Voila, etc.

Le labeur, je puis le promettre,
Ne fut jamais mon épouvantail ;
Vous ne saisissez pas peut-être
Comment je comprends le travail :
Tout métier serait mon affaire
S'il pouvait, sans trop m'énerver,
Me nourrir toujours à rien faire,
    Voilà, etc.

J'ai l' bonheur d'avoir une femme
Et de plus un piano d'Erard,
Mais aussi j'ai l' malheur infâme
Qu' l'une est fausse et l'autre criard.
Ma femm' me dit : Tu m' tarabustes,
Ton piano pleur' faux à c' sauver.
Des pianos et des femmes justes,
    Voilà, etc.

Mon charbonnier dans sa mesure
Met le moins qu'il peut de charbon ;
Mon épicier, je vous l'assure,
Vend l' sucre fort cher... mais pas bon ;
Encor sont-ils grossiers, cyniques.
Des marchands qui, sans les braver,
Vol'raient poliment leurs pratiques,
    Voilà, etc.

Une pièc' de théâtre amusante,
Un journaliste disant vrai,
Une portière complaisante,
Un barbier qui point n' me coup'rait,
Un médecin savant, honnête,
Qui d' la mort pût me préserver,
Un ami franc, un' femm' muette,
Voilà c' que j' voudrais bien trouver.

             Gustave LEROY.

UNE

SOIRÉE CHEZ MON PORTIER

Air : *Cocu, mon père.*

Notre joyeux concierge
Aujourd'hui nous héberge,
Dans sa loge chantons
Et pour tous répétons :

Bravo! c'est magnifique,
Quelle verve énergique!
Vous chantez, mes agneaux,
Comm' des petits oiseaux.

Attention, silence!
Le premier qui commence
Aura pour sa chanson
Des claques à foison.

Bravo, etc.

Le cordonnier Grégoire
Nous chante : *A boire, à boire!*
Puis à chaque refrain
Il boit son verre plein.

Bravo, etc.

La charmante Lucile,
Sur un air difficile,
Chante en fermant les yeux :
Où peut on être mieux.

Bravo, etc.

Le boulanger Philippe,
Tout en fumant sa pipe,
Nous chante avec transport :
Mossieu Malbrough est mort.

    Bravo, etc.

La petite Clarisse,
Pour désoler Narcisse,
Chante avec abandon :
Va-t-en sur l'air : *Viens donc.*

    Bravo, etc.

Un marchand de ferraille
Dit à celui qui raille :
Dans nos humains sentiers
N'y a pas d' sots métiers.

    Bravo, etc.

Une vieille modiste,
D'un air un peu triste,
Chante en doublant sa voix :
Nous n'irons plus au bois.

    Bravo, etc.

Un apprenti poète
Accorde sa musette :
Frappons, il va forger
Des vers pour Béranger.

    Bravo, etc.

Le perruquier d'en face
Nous transporte au Parnasse;
Il a pris pour maintien
Les *Bottes à Bastien.*

    Bravo, etc.

Un épicier réclame
Pour la voix de sa dame,
Elle chante avec art :
Vive le bal Musard !

Bravo, etc.

Noël MOURET.

NICOLAS ET NANETTE

CHANSONNETTE.

Air : *Oh ! du bataillon d'Afrique.*

T' es tout d' même un beau brin d' fille,
T' as un' bouche.. un nez... des yeux...
Mais aussi vrai qu' t' es gentille
J' suis point trop défectueux.
J' somm's vraiment pétris d'appas
D' puis les pieds jusqu'à la tête.
  Oh! que t' es belle, Nanette,
  Oh! que t' es beau, Nicolas.

T' as les ch' veux d' un blond filasse,
Les miens sont si fins, si roux...
J' en avons un' tell' tignasse
Qu' tout l' pays en est jaloux,
Ça fait enrager Thomas,
Ainsi qu' la grosse Nichette.
  Oh! que t' es belle, Nanette,
  Oh! que t' es beau, Nicolas.

T' es grasse... t' es gracieuse,
Et quoiqu' tu n' port's pas d' corset
T' es une fine danseuse
J' ai point trop l' air d' un paquet,
On admire à chaque pas

Notre danse si coquette.
  Oh! que t' es belle, Nanette,
  Oh! que t' es beau, Nicolas.

T' es plus rose que la rose,
Je suis frais comme un œillet,
Nous avons, qu'ell' drôle d' chose,
A' nous deux l'air d'un bouquet.
Quoiqu' tu mets l' fumier en tas,
Tu sens fort la violette.
  Oh! que t' es belle, Nanette,
  Oh! que t' es beau, Nicolas.

T' as mis ta rob' des dimanches,
Moi, mon beau gilet citron,
D' mon habit j' relèv' les manches
Pour avoir l'air plus bon ton.
J' pouvons fair' nos embarras,
J' portons si bien la toilette.
  Oh! que t' es belle, Nanette,
  Oh! que t' es beau, Nicolas.

Vois tu, j' somm's faits l'un pour l'autre,
Comme tourt'relle et tourtereau,
Leur sort deviendra le nôtre,
Ce qu'est beau plaît à c' qu'est beau,
Mais ils nous faut d' nos papas
Le consent'ment, ma poulette.
  Oh! que t' es belle, Nanette,
  Oh! que t' es beau, Nicolas.

Nos deux amoureux d' village,
S' tenant par le bout du doigt,
S'unirent en mariage
Devant l' maire d' leur endroit.
De leur noce après l' repas,
Ils répétaient en cachette :
  Oh! que t' es belle, Nanette,
  Oh! que t' es beau, Nicolas.

                    MAURICE PÉTEL.

Richesse et Simplicité

OU

SEIGNEUR ET BERGÈRE

LÉGENDE VILLAGEOISE.

Air : *Maure et Captive.*

Quand je te vois, ma bergerette,
De plaisir palpite mon cœur,
Mais dans ta pauvre maisonnette
Tu ne goûtes pas le bonheur ;
Dans mon château viens, ma gentille,
A toi fortune, les honneurs,
Moi je veux que la simple fille
Rende jalouse tous les cœurs.

   — Tout cela c'est sublime,
   Mais, monseigneur, hélas !
   Non, je ne vous crois pas,   *bis.*
   J'entrevois un abîme,
     Un abîme !

Pourquoi pleurer, ma douce amie,
Lorsque je suis à tes genoux ,
A toi mon amour et ma vie,
Ton regard seul me rend jaloux ;
Douterais-tu de mes promesses,
Ne suis-je pas riche pour deux,
Prouve-moi donc par tes caresses
Qu'un jour tu me rendras heureux.

   Tout cela, etc.

Veux-tu des rubis, équipage,
A toi tous les plus beaux atours,
Par les liens du mariage
Je veux embellir nos amours;
Réponds! réponds! mon cœur se brise,
Un simple mot, un seul aveu,
Là haut l'emportera la brise,
Et nous serons bénis par Dieu.

    Tout cela, etc.

— Pour vivre heureuse sur la terre,
Non, je ne puis avoir deux cœurs,
N'ai-je pas là ma bonne mère,
Je causerais tous ses malheurs,
Et puis j'aime, dans le village,
Un laboureur dont j'ai la foi,
Au moins libre, sans apanage,
Je lui dirai : Je suis à toi.

    Gardez votre tendresse,
    Merci, mon beau seigneur,
    Car, pour la paix du cœur,   *bis.*
    L'amour passe richesse,
      La richesse!

             F.-E. PECQUET.

Pourquoi mentir ?

ROMANCE.

Air : *Je n'ai qu'un cœur qui t'aime*, ou : *l'Amour
d'un Roi*, ou : *Béranger à l'Académie.*

Retirez-vous, oh! je vous en supplie,
Ne venez plus parler de votre amour,

Je le prendrais pour acte de folie,
Car vous mentez près de moi, chaque jour;
Je le sais bien, vous êtes infidèle,
Vous me d tes : Pour vous, je vais mourir,
Ah ! oui, pour moi ces mots sont bien cruels,
Pourquoi mentir, monsieur, pourquoi mentir ?

Lorsque la nuit je vous voyais en songe,
Je me disais : l sera mon époux,
Mais je le vois, songe n'est que monsonge,
Pourtant pour moi ce rêve était bien doux;
Quoique je sois une pauvre orpheline,
Je reste seu e ici bas pour souf rir,
Allez allez, car l'orgueil vous domine,
    Pourquoi mentir, etc.

Lorsqu'en mourant ma mère dit : Ma fille,
Sais conserver sans tache ton honneur,
Ne rougis pas de ta simple fan ille,
La richesse ne fut pas le bonheur ;
Vous avez cru, comptant sur ma faiblesse,
Par vos discours pouvoir tout obtenir,
Vous vous disiez : Ce sera ma maitresse,
    Pourquoi mentir, etc.

— Pardonnez moi, mon adorable amie,
Si j'ai par ois oublié mon serment,
A vous toujours mon amour et ma vie,
Dans l'avenir je vous serai constant,
— Mon cœur blessé, oh ne peut plus vous croire,
Non, n aintenant, je ne saurais faiblir,
Si vous m'aim z, conservez ma mémoire,
Je ne veux plus vous entendre mentir!

                    F.-E. Pecquet.

LA MEILLEURE FEMME DU MONDE

Paroles et Musique de Gustave Leroy.

La Musique se trouve chez l'éditeur, 10, rue J. de Brosse.

Dans le monde on aime trop
   Mal parler de la femme,
 J'en caté un', douc' comm' sirop,
   Que toujours on diffame.
Si jamais le sex' féminin,
Pour qui le nôtre est si bénin,
S'éteignait entier sur la machin' ronde,
   Comm' seule ell' rest'rait,
   Chacun d' nous s'écri'rait :
C'est la meilleur' femme du monde! **bis.**

   Son visage est un couteau
   Pourvu d'un très-long manche;
   Tout son corps semble une peau
   Séchant sur une planche;
Son regard est dur et vitreux,
Ses doigts déformés sont osseux,
Son cœur est jaloux, il faut qu'elle fronde
   Jeunesse et fraîcheur;
   Mais, à part cette erreur...
      C'est, etc.

   De mots vifs, piquants, ardents,
   Elle sème une harangue;
   Vu l'absence de ses dents,
   Ell' mord avec la langue :
Mais prend-elle un air patelin,
A l'aimer le cœur est enclin;

N' lui confiez rien, car, dans sa faconde,
Ell' trahit vos secrets :
n Mais, à ce défaut près...
C'est, etc.

Comme un fouet qu'on fait claquer,
Sa parole vous cingle,
Il ne faut pas la piquer
D'un petit coup d'épingle.
Son esprit caustique et moqueur
N'éteint pas l'élan de son cœur ;
Son égratignure est vive et profonde,
Ell' parle fort bien,
Mais, quand ell' ne dit rien,
C'est, etc.

Quand la mort un jour prendra
Celle que je célebre,
Un ami prononcera
Son éloge funèbre !
Si l'on n' cit' que ce qu'elle a d' bon,
Le discours ne sera pas long,
Comme on n' craindra plus alors qu'ell' réponde,
On s' dira : Voilà,
Maintenant qu'elle est là...
C'est la meilleur' femme du monde !

VOILA POURTANT C' QUE C'EST

Air des *Deux Edmond*
ou : *Vieux habits, vieux galons* (Béranger).

Jadis on vantait ma tournure :
J'étais mince de la ceinture,
Enfin je semblais fait au tour
Comme un amour,　　　　*bis.*

Maintenant, grand'ment ça m'étonne,
Je deviens rond comme une tonne;
Je suis bossu, tout contrefait,
   Voilà pourtant c' que c'est
   De n' pas porter d' corset.

Vive l'art de la gymnastique,
On peut, comme un' balle élastique,
R'bondir sur le ventre ou su' l' dos
    Sans s' rompr' les os.   *bis.*
Un jour que j'étais en goguette,
J' voulus essayer d'un' pirouette,
Mais j' m'aplatis comme un paquet
   Voilà pourtant c' que c'est
   De manquer son effet.

J' suis d'humeur assez pacifique,
Pourtant lorsque trop l'on m'irrite
Je d'viens tranchant comme un canif,
   Je m' fâche tout vif.   *bis.*
L'autr' jour un monsieur assez bête
S'amuse à m' taper sur la tête,
Je m' fâche...; il me donne un soufflet,
   'Voilà pourtant c' que c'est
   D'avoir l'esprit mal fait.

Je pris pour femme, en mariage,
Une blonde au gentil corsage;
C'était un ange de douceur,
   Ah! quel bonheur!   *bis.*
Celle qui faisait mon délire
Aujourd'hui cause mon martyre;
Mon ange est un démon complet,
   Voilà pourtant c' que c'est
   Qu' d'être pris au trébuchet.

Un jour je m' donn' la fantaisie
De prendre des billets d' lot'rie,

Comptant gagner, écus sonnants,
Cent mil'e francs! bis.
Au bout de trois ans on fit le tirage
Et j'ai gagné, quel avantage,
Pour mes cent sous... un pass'-lacet,
Voilà pourtant c' que c'est
Que d' prendre un bon billet.

De crin se faisant un' perruque,
Autrefois mon cousin Lanuque
Vendait, pour 'fair' pousser les ch'veux,
Un baume fameux! bis.
Il fit fortune... eh b en ! j'enrage
Quand j' le vois en riche équipage,
Lui qu' je n' voudra's pas pour valet...
Voilà pourtant c' que c'est
Que d'avoir du toupet.

Sans médire de cette vie,
Quand j' verrai la mienne accomplie,
J' tâch'rai, sans trop pousser d'hélas!
De sauter l' pas. bis.
Puisqu'à son tour chacun succombe,
Qu'on ne pleure pas sur ma tombe.
Dieu fit bien tout ce qu'il a fait,
Voila pourtant c' que c'est
Qu' d' être toujours satisfait.

Maurice PATEZ.

TURLURETTE

Paroles de Théodore LECLERC (de Paris).
Air : *Ah! riguinguette.*

Vous connaissez Turlurette,
Gentille et folle grisette,

Chacun répète à gogo :
    Ah! riguinguette,
Que du ciel c'est un cadeau
    Ah! riguingo.

Coloriste, mais discrète,
C'est une femme parfaite
Je puis le dire bien haut
    Ah! riguinguette,
Sa place est dans un château
    Ah ! riguingo.

Sans pourtant être coquette,
On admire sa toilette;
En crinoline en chapeau
    Ah! riguinguette,
De roi c'est un vrai morceau
    Ah! riguingo.

Le dimanche à la guinguette
Elle est toujours de la fête,
Ce qui me paraît plus beau
    Ah! riguinguette,
Elle boit son vin sans eau
    Ah! riguingo.

Ce qui plaît chez ma brunette,
Sage autant que Rigolette,
La gaîté, voilà son lot,
    Ah! riguinguette,
Ce qui n'est pas un défaut
    Ah! riguingo.

Bonne autant qu'elle est honnête,
A qui l'implore en cachette,
Vite elle donne au plus tôt

Ah! riguinguette
Jusqu'au dernier monaco.
Ah! riguingo.

Je le dis sur ma musette,
Je préfère Turlurette
Au babil du fol o'seau
Ah! riguinguette,
Au murmure du ruisseau
Ah! riguingo.

Je suis fier de ma conquête
Avec l'aimable fillete,
Je m'engage subito
Ah! riguinguette,
Dans les liens du conjungo
Ah! riguingo.

Les Tribulations d'un Héritier

ou

J'AI TROP D'ARGENT

CHANSONNETTE COMIQUE.

Air de *Papa Nicolas*
ou de la *Gueule à quinze pas.*

Je viens d'hériter, j'en ai t'y du bonheur,
Je n' sais plus qu' faire d' ma richesse,
Mon grand oncle est mort, c'est vrai qu' c'est un
Pour me consoler d' ma tristesse   [malheur,
L' brav' homm' m'a laissé tout son bien,

C'était à lui, maintenant c'est le mien,
C'est fichu, j'ai par trop d'argent; } bis.
Comment que j' vais faire à présent.

Vraiment, c'est par trop, j'ai d' quoi vivre cent
Moi qui suis dans la quarantaine, [ans,
C'est vrai, je n'ai pas de femme, ni d'enfants,
J' voudrais en avoir un' douzaine,
Du pays j' serai le plus heureux,
A moi tout seul j' boirai, j' mang'r'ai comme deux

    C'est fichu, etc.

Voulez-vous savoir, enfin, c'qu'il m'a laissé,
Vous verrez comm' il était riche :
Deux assiettes, un plat et puis un verr' cassé
Et de son petit chien la niche,
Une commode sans tiroir,
Un vieux soulier et puis un démêloir,

    C'est fichu, etc.

Puis, pour souvenir, la peau d' son bourriquet,
Pour me rappeler sa mémoire ;
Un petit couteau, au bout c'est un sifflet,
Qu'a coûté deux sous à la foire,
Mais tant qu'au bourriquet, la peau,
Je m'en ferai pour l'hiver un manteau,

    C'est fichu, etc.

Puis un tonneau percé par les deux bouts,
Mais, en revanche, j'ai sa bourse,
Et je n'ai trouvé dedans que des cailloux,
C'était pourtant ma seule ressource,
Ces terr's que chacun convoitait,
Elles sont saisi's pour tout ce qu'il devait,

    C'est fichu, etc.

Avant d'hériter, les filles à marier
Ne m'appelaient que l'imbécile,
Maint'nant que j'suis rich' elle's viennent m'en
Mais moi je fais le difficile,   [prier,
Mon héritage, voyez-vous,
Dans le pays me fait bien des jaloux,
La plus riche, je l'épous'rai,
Ah! pour ce coup-la, j'hérit'rai.

F.-E. Pecquet.

LA BAVAROISE

MOT DONNÉ.

Paroles d'Estève.

Air : *Ça vous coupe.. à quinze pas !*

Un peintre français s'éprit, un certain jour,
  D'une belle enfant de Bavière,
Dont l'affreux Colas, paysan bête et lourd,
  Avait su captiver le père :
  En matière de sentiment,
Ce père était barbare assurément,
  Puisqu'il voulait donner, hélas!
  Sa Bavaroise au *chaud Colas*...

O! Franck! mon amour! toi seul auras mon cœur!
  Pensait l'enfant blonde et timide.
Puis, rêveuse alors, on voyait de douleur
  S'inonder sa paupière humide...
  Ah ! disait-elle au désespoir !
Sur deux futurs, comment peut-on vouloir,
  Quand l'un est beau, l'autre mal fait,
  Donner la Bavaroise *au laid ?*...

Avec cet aplomb qu'ont les amants heureux,
    Pour faire un coup qui le distingue,
Franck arrive, et dit, la main dans ses cheveux,
    Prenant un geste à la Mélingue :
    —Viens prendre un grog, oh! ma Lina!...
Ce soir je t'enlève... advienne que pourra.
    Il dit, et le père... étonné...
    Voit sa Bavaroise *au café !*

Dans le plus doux miel, hélas ! on voit toujours
    Se glisser la perfide absinthe !
Franck fut infidèle, avec d'autres amours
    Partit sans écouter sa plainte.
    Ce que voyant, la pauvre enfant
Monta sur le pont, puis, pata-trac, v'lin, v'lan !
    On vit se jeter du plus haut
    La pauvre Bavaroise *à l'eau.*

LE VRAI PHILOSOPHE

Air : *Quand on n'a pas ce que l'on aime*
    Ou de la *Rose des champs.*

J'ai toujours craint la catastrophe
Que les hommes nomment la mort ;
Je prends tout en vrai philosophe
Et j'attends mon premier remords.
Pour moi la vie est un trapèze
Où mon cœur bondit chaque instant,
J'en sais plus d'un au Pèr' Lachaise
Qui voudrait bien en dire autant.

Les gourmands sont des êtr's étranges,
Il leur faut des mets assortis,
Moi, j' mang' les perdrix sans oranges,
Car j' n'eus jamais deux appétits ;

Le soir, pour que ma faim s'apaise,
J' n'ai qu'un cerv'las à l'ail, pourtant :
J'en sais plus d'un au Pèr' Lachaise
Qui voudrait bien en dire autant.

Quand, dans le plus grand des désastres,
Je ne pouvais payer mon lit,
J'allais étudier les astres,
L'étude n'est pas un délit;
J'humiliais la gent punaise
Qui dans mon bois de lit m'attend :
J'en sais plus d'un au Pèr' Lachaise
Qui voudrait bien en dire autant.

Mon marchand d' vin fait l'homme intègre,
Et, commerçant des plus polis,
Il m'assur' qu'un goût de vinaigre
Fait la qualité du Châblis;
Celui d' douz' sous, il le vend seize,
Mais je me dis, en m'humectant :
J'en sais plus d'un au Pèr' Lachaise
Qui voudrait bien en dire autant.

Ma portière est, sans trop médire,
Une héroïne du balai,
A qui pour sortir je dois dire
Vingt fois : Le cordon s'il vous plaît.
Quoiqu'elle soit aigre et mauvaise,
Qu'il faille crier en sortant :
J'en sais plus d'un au Pèr' Lachaise
Qui voudrait bien en dire autant.

Quoique ma femme soit maussade,
Quoiqu'on m'éreinte tous les jours,
Quoiqu'un fêlé, mon camarade,
Me lasse de vieux calembours;
Quoiqu' l'épicier m' vol' quand il m' pèse,

D'être au monde j' suis fort content :
J'en sais plus d'un au Pèr' Lachaise
Qui voudrait bien en dire autant.

A la voix de Dieu, dit la Bible,
Du tombeau chaqu' mort sortira,
J' veux mourir le plus tard po·sible
Pour r'naître le plus tôt qu' ça se pourra.
En terre on n'est pas à son aise,
Pour moi, vivre, c'est l'important :
J'en sais plus d'un au Pèr' Lachaise
Qui voudrait bien en dire autant.

Gustave LEROY.

LES BELLES DE PARIS

Air de la Ronde des Conscrits.

Amis, venez m'écouter
Aujourd'hui sans sornettes,
A tous je vais vous chanter
Nos aimables grisettes :
Des prêtresses des amours
Vous connaîtrez les détours.
    Voilà, mes amis,
    Des bell's de Paris
        L'histoire
    On peut m'en croire.

> bis.

Sujettes à cau ion,
Nos gentilles fleuristes

En amour dament le pion
Aux pimpantes modistes ;
Ell's dis'nt qu'il faut d'ailleurs
Sur la vi' semer des fleurs.
   Voilà, mes amis,
  Des bell's de Paris
     L'histoire
  On peut m'en croire.

                          bis.

Dans le quartier Saint-Denis
Ce sont les pass'mentières,
D'elles chacun est épris
Tant elles sont peu fières ;
Malgré leur air vertueux
J' vous jur' qu'on peut trouver
   Voilà, mes amis,   (mieux.
  Des bell's de Paris
     L'histoire
  On peut m en croire.

                          bis.

Dans l' treizième arrondiss'ment
On trouv' les blanchisseuses,
Moi j' les adore vraiment
Tant elles sont farceuses,
Je crois que tout l'univers
S'rait heureux d' vivr' dans leurs
   Voilà, mes amis,   (fers.
  Des bell's de Paris
     L'histoire
  On peut m'en croire.

                          bis.

En extase on restera
En admirant Lucile
Aux charmes de la polka
Se livrant chez Mabille.

L' Château-Rouge à Clignancourt
Chaque été reçoit sa cour.
 Voilà, mes amis,
 Des bell's de Paris.
  L'histoire
 On peut m'en croire. } *bis.*

Je cesse enfin de chanter
Ces folles demoiselles.
Je pourrais vous en citer
D'autres bien moins cruelles,
Mais par compensations
Il est trop d'exceptions.
 Voilà, mes amis,
 Des bell's de Paris
  L'histoire
On peut m'en croire. } *bis.*

Théodore LECLERC.

L'Ennui d'être Garçon

ou

L'EMBARRAS DU CHOIX

CHANSONNETTE COMIQUE.

Air des *Canotiers.*

Ah ! combien je m'ennuie,
Surtout d'être garçon,
Faut que je me marie,
Je le dis sans façon.

C'est assez difficile,
Je suis embarrassé,
Je connais quatre filles,
Mais laquelle épouser?

Suzon, Manon,
Lisette ou bien Fanchette,
L'une ou l'autre, ma foi!
Ça m'est égal à moi.

Suzon est bien gentille,
Mais j'en suis dans le deuil,
Hélas! la pauvre fille,
Ne possède qu'un œil.
Passe d'être calorgne,
Ça se voit chaque jour,
Mais une femme borgne,
C'est un drôle d'amour.

Suzon, etc.

Ma petite Fanchette,
Je le dis en deux mots,
Au moins elle est complète,
Plus un' boss' dans le dos;
Lorsque je me désole,
Elle me dit tout bas:
Moi ce qui me console,
Devant ça n' se voit pas.

Suzon, etc.

Quel trésor que Lisette,
C'est encor un tracas,
Cette aimable fillette,
Elle n'a plus qu'un bras.
Je n'ai pas de rancune
Contre ces trois objets,

Il me reste une brune
Pour calmer mes regrets.
   Suzon, etc.

Manon saurait me plaire,
Voyez quel triste choix,
Elle est propriétaire
D'une jambe de bois;
Ça refroidit ma flamme,
Pourtant faut en finir,
Ce qui flatte mon âme,
Je puis encor choisir.

   Suzon, etc.

F.-E. Pecquet.

LA MAISON DU BON DIEU

Air de *Béranger à l'Académie*

ou : *Si les fleurs parlaient.*

Voici la nuit, la nuit aux sombres voiles,
Un vent glacé mugit avec fureur.
Seul, égaré, sous un ciel sans étoiles,
Chemine, hélas! un pauvre voyageur.
Il va mourir bien loin de sa patrie...
Il sent déjà se troubler sa raison.
Il va mourir... lorsqu' une voix lui crie:
Ami, voici du bon Dieu la maison.

A ce foyer, dont la flamme pétille,
Réchauffe enfin tes membres engourdis;
Bois de ce vin qui dans ton verre brille,
En t'adressant comme un joyeux souris.
Puis, sommeillant dans une douce ivresse,

De ton pays revois le vert gazon...
Tout rêve, au cœur, apporte une caresse,
Car c'est ici du bon Dieu la maison.

Viens, pauvre enfant déjà seul sur la terre;
Pauvre petit, privé dès le berceau
Et des baisers et des soins d'une mère,
Tes prem'ers pas ont foulé son tombeau...
Pour rappeler à ta jeune pensée,
De ton berceau, la naïve chanson,
Ta mère aux cieux pour toujours envolée...
Viens, c'est ici du bon Dieu la maison.

C'est là que vient le pauvre, en sa détresse,
Contre l'hiver, implorer un abri.
Le riche aussi, dans un jour de tristesse,
De ses chagrins vient y chercher l'oubli.
C'est la maison à tous hospitalière ;
Et le passant lit sur l'étroit fronton
Ces simples mots encadrés dans le lierre:
Entrez, voici du bon Dieu la maison.

La foule est grande et tous ont place à table,
Sans distinguer ni le rang ni l'habit ;
Chacun apporte à ce banquet aimable
Un cœur joyeux et beaucoup d'appétit.
Le pauvre oublie alors son indigence,
Bien loin de lui fuit la dure saison ;
Tout cœur souffrant retrouve l'espérance,
Car c'est ici du bon Dieu la maison.

Maurice PATEZ.

LA MARCHANDE DE POISSON

Air de la *Ronde des Conscrits.*

Honnêtement, mes amis,
Je gagne mon salaire

En promenant dans Paris
La botte et l'éventaire.
Aux passants, soir et matin,
Je répète ce refrain ;
Allons, mes p'tits choux !
V'nez, régalez-vous.
    Qui d'mande
    La marchande ?

                  bis.

J' puis bien l' dire avec orgueil,
D' la bonne foi, j' suis l'emblème.
Mon poisson est frais comm' l'œil !
Et blanc comme d' la crème.
Bref, vous l' mangeriez dans l'eau,
Qu'i' n' pourrait pas être plus beau !
    Allons, mes p'tits choux, etc.

Amateurs, approchez-vous,
Fiez-vous à ma franchise,
Choisissez.... pour tous les goûts,
J'ai de la marchandise.
J'offre un *merlan* au coiffeur,
Une *perche* au blanchisseur.
    Allons, mes p'tits choux, etc.

J' débit' dans tous les quartiers
Où j' fais mes fournitures,
Des *carlets* aux mat'lassiers ;
Et pour fair' des fritures,
A messieurs les cordonniers,
J' vends moins d' goujons que d' *sav'tiers.*
    Allons, mes p'tits choux, etc.

Mes p'tits lapins, v'nez donc voir,
J'ai d' l'huître et d' la crevette ;
Pour fricasser au beurr' noir,
Voyez c'te bell' *rai'* nette,

Avec moi l'ach'teur est sûr
De n' pas j'ter la *raie au mur*.
  Allons, mes p'tits choux, etc.

J' vends des *moules* aux fondeurs,
D' l'*ablette* aux jeunes filles ;
J'ai des *carp's* pour les danseurs,
Pour l' nageur j'ai des *anguilles*,
Aux gourmets j'offre un *saumon*,
Aux chanteurs un peu de *thon*.
  Allons, mes p'tits choux, etc.

Bref, mon négoce va bien,
Je plais à la pratique,
Et lorsqu'un musicien
Choisit dans ma boutique,
Je lui dis d'un ton poli :
C'est pour vous, *la, sol, la, mi* (1).
  Allons, mes p'tits choux, etc.

                        Alexis DALÈS.

_____

(1) La *sole, l'ami*.

_____

LES TROIS AMOUREUX DE SUZETTE

Air : *Ça ne blesse personne et ça me fait plaisir.*

    En longues tresses blondes
    Beaux cheveux bien nattés,
    Blanches épaules rondes,
    Bras hardiment sculptés,
    Menton rond à fossette,
    Lèvres roses, grands yeux...
    Puis avec ça Suzette
    Avait trois amoureux.

Or, dans tout le village
Sur elle on en contait,
Et la croyant peu sage
Dame! on la détestait.
Lui sachant en cachette
Enfant, jeune homme et vieux,
Car la belle Suzette
Avait trois amoureux.

L'un, vieux, paralytique,
Serait mort sans secours,
Si cette âme angélique
N'avait pu tous les jours
Lui porter, la pauvrette.
Du pain, du vin, des œufs,
Et voilà de Suzette
Le premier amoureux.

Un soir dans la clairière,
Du pied elle heurta
Un pauvre enfant sans mère
Qu'alors elle adopta,
En fit un cœur honnête,
L'éleva de son mieux,
Et voilà de Suzette
Le deuxième amoureux.

L'autre était un jeune homme
Que Suzette aimait bien,
Car lui seul savait comme
Elle faisait le bien.
Par charité la quête
Se faisait entre eux deux,
Et voilà de Suzette
Le troisième amoureux.

Mais le maire, homme sage,
Apprit la vérité,
Il voulut rendre hommage
A tant de charité.
Lorsque revint la fête,
Ce magistrat heureux
Fit rosière Suzette
Avec trois amoureux.

Gustave LEROY.

LA FILLE DE L'AUVERGNAT

Air du *Vieux Braconnier* ou de *Pandore* ou des *Roses aux Rosiers.*

Amis, depuis une année
Mon cœur est épris d'amour;
Sachez que ma dulcinée
Est native de Saint-Flour.
Son papa, l' père Nicodème
Est charbonnier d' son état.
Oh! que j' l'aime, oh! que j' l'aime,
La fille de l'Auvergnat!

Comme ses compatriotes
Son père fait plus d'un métier,
Il vend du charbon, des mottes,
Et porte d' l'eau dans l' quartier.
Quoiqu'ell' n'ait pas la main blanche
Et le pied bien délicat,
Elle a du pain sur la planche,
La fille de l'Auvergnat.

Le jour que j' l'ai rencontrée
J'en fus de suite enchanté,
Ell' dansait une bourrée
Avec grâce et légèreté,
On la surnomma la reine
De la barrière du Combat.
Enfin c'est une sirène,
La fille de l'Auvergnat.

Est-ell' brune, rousse ou blonde?
Ceci me reste à savoir,
Cependant aux yeux du monde
Ses cheveux sont d'un beau noir.
Mais, c'est le charbon, je pense,
Qui leur donne cet éclat.
Elle a plus d'une nuance,
La fille de l'Auvergnat.

Avec moi quand elle joue,
Si je veux prendre un baiser,
Je suis certain que sa joue
Ne va pas le refuser.
L'endroit où ma lèvre touche,
De noir, devient incarnat,
Car ell' déteint sous ma touche,
La fille de l'Auvergnat.

Aucun rival ne s'empresse
A louanger ses appas,
Car elle a, je le confesse,
La taille au-dessous des bras.
Quand je lui dépeins ma flamme,
Ell' me parle charabia;
Malgré çà j' la veux pour femme,
La fille de l'Auvergnat.

Victor GAUCHER.

LA SEMAINE DES AMOURS

Air des *Canotiers de la Seine.*

Le dimanche, en silence,
Je mène sans détours
Ma blanchisseuse Hortense
Dans les riants séjours
Du bois de Romainville,
Rendez-vous du bonheur.
Là, tout près de la ville,
Nous fredonnons en cœur:
    Voilà, voilà
Où la vie est tranquille.
Petit dieu des amours,
Viens me voir tous les jours.

Le lundi, c'est Louisette
Qui ne vend pas d'hareng frais,
Pour venir en cachette
Frapper avec excès
La porte de ma chambre,
En me disant : C'est moi.
Ouvre, car, en décembre,
Sur le carré, j'ai froid.
    Voilà, voilà,
J' réponds sans faire attendre
L' petit dieu des amours
Qui vient m' voir tous les jours.

Le mardi, Joséphine,
La brunisseuse en or,
Avec sa crinoline,
Vient s'occuper d' mon sort.
Alors à la guinguette

Nous dirigeons nos pas
Tous les deux, tête à tête,
Nous prenons un repas.
   Voilà, voilà
Gigolo, Gigolette.
Petit dieu des amours,
Viens me voir tous les jours.

Rose, la couturière,
Vient tous les mercredis
R tourner à sa manière
Mes gilets, mes habits.
S'il manque quelque chose
Après mon pantalon,
Vivement elle pose
Une pièce, un bouton.
   Voilà, voilà
Le bon cœur de ma Rose.
Petit dieu des amours.
Viens me voir tous les jours.

Le jeudi, c'est la danse
Qui comble les souhaits
De ma belle Laurence,
La monteuse en bonnets.
Vite à la *Moissonneuse*
Mon bras conduit le sien.
L orchestre, à ma danseuse,
Jou' les *Bott's à Bastien.*
   Voilà, voilà
Une existence heureuse.
Petit dieu des amours,
Viens me voir tous les jours.

Le vendredi, Françoise,
La fille au cordon bleu,
Aime à me chercher noise

Pour m'avoir un aveu.
Je lui réponds : Mignonne
Apaise tes soucis,
Mon cœur de ta personne
Est tendrement épris.
    Voilà, voilà
L'amour à la dragonne,
Petit dieu des amours,
Viens me voir tous les jours.

J'admire la tendresse
De ma brune Lisa.
Oui, pour cette maîtresse,
Toujours mon cœur battra.
Pour finir la semaine,
Nous comptons notre argent
Et tous les deux sans gêne
Nous chantonnons gaîment :
    Voilà, voilà
N'importe ce qu'il advienne.
Petit dieu des amours,
Viens me voir tous les jours.'   A. REMY.

La Fille discrète

CHANSONNETTE.

Air : *Il faut r'mercier l'bon Dieu d'tout*
ou des *Auvergnats.*

Venez donc ici, ma fille,
Approchez-vous près de moi,
Chacun vous trouve gentille,
Que vous dit le p'tit Eloi?
— Ma foi, presque rien, ma mère,

Il ne fait que des hélas!
Puis il regarde la terre,
Maman, ne le dites pas. *bis.*

Puis après il me regarde,
Me parlant de nos amours,
Je me donne bien de garde
D'interrompre ses discours;
Il me jure qu'il m'adore,
Que je cause ses tracas,
Tant qu'à cela je l'ignore,
   Maman, etc.

Dien souvent dans ma chambrette,
Il vient me trouver sans bruit,
Là, nous parlons d'amourette
Jusqu'au moment de la nuit;
Car les mamans sont grondeuses,
C'est toujours des si, des cas,
Avec lui je suis heureuse,
   Maman, etc.

L'autre jour dans la prairie,
Me demandant un baiser,
Il m'appelait son amie,
Je n'ai pu lui refuser;
Puis deux, trois, quatre de suite,
J'étais bien dans l'embarras,
Alors, moi, j'ai pris la fuite,
   Maman, etc.

Vous voyez, ma bonne mère,
Je sais garder un secret,
L'on vous appelle vipère
Lorsque l'on est indiscret.

— La maman de sa béquille,
Lui caress' jambes et bras
En disant : File, ma fille,
Et surtout ne le dis pas.

F.-E. PECQUET.

LE FARCEUR DU VILLAGE

SCÈNE COMIQUE.

Paroles de Maurice PATEZ. — Musique de A. MARGUERIE
La Musique se trouve chez l'Editeur, 10, rue J. de Brosse.

Foi de Babolein,
J' sis tant malin
Que tou' l' village
Me rend hommage ;
J' sis tant farceur
Qu' j'en ris d bon' cœur !
J' sis un farceur,
Un vrai farceur !

J' n'en ons point l air, mais, voyez vous,
Du diabl' j ons quasi la finesse !
J' sis proclamé parmi trétous
Comme un malin d' la pire espèce ;
Savant jusque dans l' bout des doigts ;
J' causons comme un doubl Liégeois.
Comm' lui, sans mentir,
J' lisons dans l'av'nir.   *bis.*

J'ons un baromètre qu'on n' connait point
pour deviner l' soleil et la pluie !... J'allons
voir Titine, qu'est narveuse et qui m' voudrait...
Si alle saute en m'apercevant, c'est signe
d'iau !... si alle pleure, c'est du temps sec !...
aussi j' prédisons à coup sûr... Hé ! hé ! hé !

Foi d' Babolein, etc.

Au carnaval de notr' canton,
C'est là qu'on m' trouve un air cocasse ;
Cachant mon nez sous un d' carton ;
De charbon noir, j' peindons ma face.
Avec ce visag' qu'est-t-hideux,
Mon âne et moi, j' trottons tous deux,
    Sur cet animal,
    J' galopons à ch'val...   *bis.*

J' faisons une foultitude de tours indeignes..
J'avalons des poids comme l'z'harcules !... des
petits poids... J' marchons l' jambes en l'air, à
quatre pattes sus les deux mains... et propre-
ment, ma fine !... j'imitons le cri des animaux
qu'on m' prend pour eune vraie bête, quoi !...
L'autr' joux, j' faisions l' loup si tellement,
qu' Madeleine, qui l'a stapendant vu pus d'eune
fois, en a tombé d' peur dans l'évanouissance.
Hé ! hé ! hé !

    Foi d' Babolein, etc.

Aux noces, on aime à m'inviter,
J' contons toujours là queuqu' bêtise.
Lorsque tout haut y m' plait de chanter,
On m' prend pour un chantre à l'église ;
Venant d' Paris, un amateur
M'a fait c' compliment ben flatteur :
    Qu' j'étions sans rivaux,
    D'un' force d' trois ch'vaux.   *bis.*

Encore avant-z-hiar... l' carreau d' la Si-
monne en a petté... que l' morciaux d' varre en
sont tombés dans l' mien !... Mais l' pus farce...
c'est à la veillée !... j' racontons aux filles des

Histoires d' loups-garous qu'alles rêvont d' moi
toute la nuit en croyant voir l' diable à leurs
trousses... Hé! hé! hé!

Foi d' Babolein, etc.

Chaqueun" m'adore et c'est un droit,
Malgré mes jamb's en cor de chasse;
Quoique j' louchions un brin d' l'œil droit
Et qu' m'a chèvelur' soit blond filasse;
J' sis difficil', dan.! voyez vous,
Ben heureus' s'ra celle entre nous,
Qu'aura l' fin bonheur -
D' fair' jaser mon cœur...   *bis.*

'Oh l oui!'... qu'alle s'ra heureuse et qu' je m'
vantons qu'alle n'aura point la moitié d'un imbécile!... Avec ça, c' qui n' gâte rien, j'ons eune
chaussette avec queuques sous d'dans!... Aussi
Jaquétte la Borgue ne m' voit point d'un mau-
vais œil!... Alle a un p'tit magot, avec moi, ça
lui en f'ra deusse!... En attendant, j' faisons
mes farces!... Eh! ben! si pus tard j' trouvons
point!... j' ferons comme ma mère,... j' res-
terons fille!... Hé! hé! hé!

Foi d' Babolein, etc.

Le Pays des Chinois

LETTRE D'UN SOLDAT A SON PÈRE

Air de *la Gueule à quinze pas.*

D'ma main, cher papa, j' vous écris ces deux mots,
De moi ne soyez pas en peine,
Je m' trouve assez bien dans l' pays des magots

Où j' suis débarqué d' la quinzaine ;
A l'encre d' Chine j' vous écris
Des chos's vraiment dont vous s'rez bien surpris,
  J'ai peine à croire tout c' que j' vois
  Dans l' drôle d' pays des Chinois.

Les Chinois n' sont pas jolis comm' des amours,
  Et la trop prodigue nature
Les affligea d' nez faits en topinambours,
  C' qui leur gâte un peu la figure ;
  Ils sont semblables, en deux mots,
A ces bonsh ommm's qu'on voit sur les vieux pots ;
  A se fair' pein!re ils ont des droits
  Dans l' drôle pays des Chinois.

Ils ont des oreill's à pouvoir loger d'dans,
  Ce n' sont pas là des balivernes,
Un' bouch' comme un' malle où j' n'ai jamais vu
                              [d' dents,
  Leurs yeux sont comme des lanternes,
  Ils ont pour chev'lure un' queu' d' rat,
Et des moustach's à fair' pâlir un chat ;
  La barbe, j' crois, vient à six mois
  Dans l' drôle d' pays des Chinois.

Qu'ils sont beaux à voir tout habillés d' nankin
  Et par le soleil ou la pluie
Ils ont un affreux parasol marocain
  Qui leur tient lieu de compagnie ;
  Enfin, ils sont de très-bon goût,
Port'nt peu d' faux-cols, et pas d' chemis's du
                              (tout ;
  Ah ! quels dandys qu' les bons bourgeois
  De c' drôle d' pays des Chinois !

Les femm's de c' pays ne portent pas d' corsets,
  Ni de jupes de crinoline ;

Ell's ont l' pied très p'tit, mais, dit-on, pas d'
(mollets,
C' qui fait qu'ell's ont la taille fine ;
Ell's ont le teint couleur citr)n,
Le nez rel'vé comme un p'tit cornichon ;
D'un' femm', bien sûr, je n' f'rais pas choix
Dans l' drôle pays des Chinois.

Bientôt nous irons faire un tour à Pékin,
Qu'est la capitale d' la Chine,
Où, dit-on, la lune est toujours dans son plein,
C'est bien curieux, j'imagine ;
C'est pour nous empêcher d'voir ça
Qu' ces Chinois-là n' veul'nt pas qu'on aill' par là.
Gare aux terribles soldats d' bois
Du drôle d' pays des Chinois !

Au r'voir, cher papa, j' vous en dirai plus long,
Lorsque j'en saurai davantage ;
Embrassez pour moi ma mère et Jeanneton,
Ma cousine et tout l' voisinage ;
Dites à mon cousin, Tampon,
Qu'est aussi laid qu'il est bête et capon,
Que je pense à lui bien des fois
Dans l' drôle d' pays des Chinois.

POST-SCRIPTUM.

J'oubliais, papa, d' vous dir qu'en débarquant
Un requin (ce n'est pas un' carotte)
M'enl'va subit'ment ma bourse et mon argent
Avec la moitié d' ma calotte ;
Pour m' venger du destin jaloux,
Papa, j' vous prie, envoyez-moi cent sous
Et j' pourrai m' régaler d'un chinois *
Dans l' drôle d' pays des Chinois.

MAURICE PATEZ.

---

* Chinois, petite orange verte que l'on con-
serve dans une liqueur spiritueuse.

LA GOUTTE DE RIGAUD

Air des *Bottes à Bastien*.

Rigaud, qui près de moi demeure,
A les membres si gras, si forts,
Qu'il faut la moitié d'un quart d'heure
Pour faire le tour de son corps;
Sa fraîcheur à sa grâce ajoute;
Il ne possède qu'un défaut :

    C'est qu'il a la goutte,
    Il a la goutt', Rigaud;
    Il a la goutt', goutt', goutte,
    Il a la goutt', Rigaud!

Sa femme, pas mal romantique,
Lasse d'entendre rabâcher,
Partit un jour pour l'Amérique...
Il eût voulu l'aller chercher;
Comme avec sa femme, sans doute,
Il n'était libre, tant s'en faut :
    Ah! il eut la goutte, etc.

Bien souvent sa goutte le quitte,
Car, lorsqu'on l'invite à dîner,
Que de payer on le tient quitte,
Il s'y rend pour se promener.
Par exemple, lorsqu'il en coûte
Et qu'il faut payer son écot :
    Ah! il a la goutte, etc.

Pour chasser l'ennui de sa vie,
Le matin lorsqu'il est à jeun,
Il boit sa goutte d'eau-de-vie,
Et plutôt douze verres qu'un;

Puis, lorsqu'il veut se mettre en route,
Chaque pas est un soubresaut :
   Car il a la goutte, etc.

L'hiver, il est des plus ingambes,
Ses pas semblent mieux assurés,
La goutte abandonne ses jambes
Mais par un froid de dix degré
Son nez tout violet dégoutte
Et coule comme un vrai ruisseau :
   Car il a la goutte, etc.

Mais il est mort, et l'on m'invite
Pour participer à son deuil ;
J'espère bien que d'eau bénite
On arrosera son cercueil ;
Du goupillon, pendant l'absoute,
Ah ! qu'il tombe une goutte d'eau :

   Pour qu'il ait la goutte,
   Qu'il ait la goutt', Rigaud ;
   Qu'il ait la goutt', goutt', goutte,
   Qu'il ait la goutt', Rigaud !
                  Gustave LEROY.

LISETTE ET RIGOLBOCHE

   Air : *Paris s'en va.*
   ou *Pour faire un nid.*

Laissons d'impudiques sauteuses,
Devant de stupides gandins,
Etaler leurs grâces menteuses ;
les biches sont dignes des daims.
Vils amours que la honte farde,

Rampant sous le vice vainqueur,
Ne volez plus vers la mansarde,
Où s'échange un cœur pour un cœur.

Amours, qui courez les gazelles,
Dans la fange enfoncez vos pas;
Rigolboche a coupé vos ailes,
Lisette ne vous connaît pas.

Lisette, c'est la bonne fille,
Au cœur d'or, aux agiles doigt ,
Qui travaille, saute et babille,
Bruyante fauvette des toits.
Bacchante à la voix de rogomme,
Corps sans âme, idéal du laid,
Voilà. vieux boucs à face d'homme
La Rigolboche qui vous plaît.
    Amours, etc.

Lisette, c'est un lutin rose,
Qui sourit à notre printemps,
Osant tout ce que l'amour ose,
Tout ce qui nous charme à vingt ans.
Sa fraîche bouche nous parfume
Quand elle chante un petit air;
Pendant que Rigolboche fume
Entre l'absinthe et le bitter.
    Amours, etc.

Reine sur un théâtre borgne,
Rigolboche rit au public,
Au vieux satyre qui la lorgne
Avec un œil de basilic.
Elle lève à hauteur de tête
Sa jambe insensible à l'affront,
Pendant que la chaste Lisette
Sous un baiser courbe son front.
    Amours, etc.

Qui nous délivrera des biches
Et de leurs impudents prôneurs,
Des nymphes aux amours postiches,
Des vieux et jeunes suborneurs ?
Lisette est encor de ce monde ;
Pour la rendre à son sol natal,
Chassons la baladine immonde,
Dont la honte est le piédestal.

Amours, qui courez les gazelles,
Dans la fange enfoncez vos pas ;
Rigolboche a coupé vos ailes,
Lisette ne vous connaît pas.

VICTOR RABINEAU.

La France guerrière

Air : *Le Peuple est Roi.*

Quand du canon la voix retentissante
Jette à l'écho la note du combat,
Lorsque la France arme sa main puissante,
Tout est soldat, tout est soldat !

Tout est soldat, oui tout combat pour elle,
Avec le cœur, la plume ou le fusil ;
Ce feu sacré que son âme recèle
Brille sur nous comme un reflet viril.
Faut-il de sang arroser les batailles,
Faut-il de l'or pour armer ces soldats ?
Patrie, honneur, sublimes fiançailles,
Ont répondu : Prends nos cœurs, prends nos bras !
Quand du canon la voix, etc.

Oui, nous aimons quand résonne en l'espace
Ou le clairon où le bruyant tambour,
Suivre des yeux le flot armé qui passe,

Jeunes et vieux se pressent à l'entour ;
L'enfant bondit dans les bras de sa mère,
Et souriant espoir des lendemains,
Marque joyeux la mesure guerrière
En agitant au vent ses folles mains !
      Quand du canon, etc.

Oh ! qu'ils sont beaux, là-bas, dans la bataille,
Ces fils soldats courant dans les sillons !
Oh ! qu'ils sont beaux, bénis par la mitraille
Des ennemis brisant les bataillons !...
Dieu des combats, protège encor la France,
De ces soldats seconde les efforts ;
Rappelle-toi leur ancienne vaillance :
Que de chemins sont semés de leurs corps !
      Quand du canon, etc.

Ils ont passé... ce fut un jour de fête,
Paris entier célébra le retour
De ces soldats, que le feu, la tempête
Ont épargnés... oh ! ce fut un beau jour !
Ils ont passé, soldats, fusils, bannières,
Et mille voix aux accents belliqueux
Qu'accompagnaient les fanfares guerrières
Ont salué ces passants glorieux !
      Quand du canon, etc.

Quel monument te construit la pensée,
France guerrière, en voûte suspendus
Vois s'élever un immense trophée
De vieux drapeaux et de fusils tordus !
L'aigle balance en ses puissantes serres
Le vert laurier qui ceint les étendards ;
Son cri vainqueur comme un coup de tonnerre
Fait du passé trembler les vieux remparts !
      Quand du canon, etc.

MAURICE PATEZ.

JE SUIS D'ALLEMAGNE

BALANÇOIRE.

Air nouveau.

Nous étions trois fi l's de quinze à seize ans,
Nous étions trois fil''s de quinze à seize ans,
Mon père nous fi air' trois cotillons blancs,
      L'Allemand.
Je suis d'Allemagne fil'e d'Allémand,
Mon père nous fi fair' trois cotillons blancs,
Moi, la plus jeun tt', je pris le plus grand,
      L'Allemand.
Je suis d'Allemagne fille d'Allemand,
Moi la plus jeanett', je pris le plus grand,
Garni de dentell's et de beaux rubans,
      L'Allemand.
Je suis d'Allemagne, fille d'Allemand,
Garni de d ntell's et d beaux rubans,
Et j' m'en fus au bal au soleil couchant,
      L Allemand.
Je suis d'Allemagne, fille d A'lemand,
Et j' m'en fus au bal au soleil couchant,
Voilà qu'un bon dril ' me dit galamment,
      L'Allemand.
Je suis d'Allemagne, fille d'Allemand,
Voilà qu'un bon drill' me dit galamment :
Mad'moisell' Françoi-' j' vous aim' joliment,
      L Alleman l.
Je suis d'Allemagne, fille d'Allemand,
Mad'moisel' Français' j' vous aim' joliment,
T'nez, voila ma bagu' j vous en fais présent,
      L'Allemand.

Je suis d'Allemagne, fille d'Allemand,
T'nez, voilà ma bagu', je vous en fais présent,
L' pèr' voyant la bagu' me dit : mon enfant,
        L'Allemand.

Je suis d'Allemagne, fille d'Allemand,
L' pèr' voyant la bagu' me dit : mon enfant,
D'où vient cet anneau, qui t'en fit présent?
        L'Allemand.

Je suis d'Allemagne, fille d'Allemand,
D'où vient cet anneau, qui t'en fit présent ?
C'est un beau jeune homme âgé de vingt ans,
        L'Allemand.

Je suis d'Allemagne, fille d'Allemand,
C'est un beau jeune homme âgé de vingt ans;
Il m'a dit qu'il m'aime, et j'en pense autant,
        L'Allemand.

Je suis d'Allemagne, fille d'Allemand,
Il m'a dit qu'il m'aime, et j'en pense autant.
Faut lui dir' qu'il vienn' avec ses parents,
        L'Allemand.

Je suis d'Allemagne, fille d'Allemand,
Faut lui dir' qu'il vienn' avec ses parents;
Si c'est un bon diabl' j' donn' mon consent'ment,
        L'Allemand.

Je suis d'Allemagne, fille d'Allemand,
Si c'est un bon diabl' j' donn' mon consent'ment,
Bref, on nous marie à la saint Vincent,
        L'Allemand.

Je suis d'Allemagne, fille d'Allemand,
Bref, on nous marie à la saint Vincent,
Mais mon gueux d' mari devint inconstant,
        L'Allemand.

Je suis d'Allemagne, fille d'Allemand,
Mais mon gueux d' mari devint inconstant,
Un beau jour de fête il me laisse en plan,
        L'Allemand.

Je suis d'Allemagne, fille d'Allemand,
Un beau jour de fête il me laisse en plan,
J' suis reste' comm' veuv avec trois enfants,
    L'Allemand.
Je suis d'Allemagne, fille d'Allemand,
J' suis resté' comm' veuv' avec trois enfants.

    (Morale.)

Ecoutez, fillett's, n' vous pressez pas tant,
    L'Allemand.
Je suis d'Allemagne, fille d'Allemand,
Ecoutez, fillett's: n' vous pressez pas tant,
Car, en fait d' mariage on s' tromp' joliment.
    L'Allemand.
Je suis d'Allemagne, fille d'Allemand.

          L.-C. DURAND.

LA CHANSON DU TRAVAIL

Air de *Ma chanson* ou *les Enfants de Bacchus.*

Dans un livre géant s'étale notre histoire,
Du toît de la chaumiere au fronton du palais
Tout parle du travail et rappelle sa gloire;
Le travail est partout l'histoire du progres.

Gais enfants du travail, répétons en cadence,
Au bruit de nos marteaux un doux chant d'espérance;
Que chacun dans nos rangs celebre avec ardeur
La gloire et le travail, le travail et l'honneur.

Comme nos fier's soldats, dans un jour de bataille,
Devant notre devoir ne reculons jamais.

La grande voix de Dieu dit à l'homme : travaille !
Accomplissons de Dieu le sublime décret.
    Gais enfants du travail, etc.

Celui-là qui s'endort au sein de la paresse
Est esclave à son tour du travail indigent ;
Ah ! n'envions jamais sa honteuse mollesse.
Le travail, mes amis, fait l'homme indépendant.
    Gais enfants du travail, etc.

Que jamais parmi nous la discorde et l'envie
Ne viennent alarmer nos utiles travaux.
Ah ! ne troublons jamais la paix et l'harmonie
Que du bruit des chansons, que du bruit des marteaux.
    Gais enfants du travail, etc,

Dans nos humbles banquets que nos cœurs et nos verres
Se rapprochent joyeux ; buvons pleins de gaîté ;
Fils du même destin, les travailleurs sont frères,
Buvons à l'union, à la fraternité.
    Gais enfants du travail, etc.

Si la France en danger au combat nous appelle,
Que le fer du soldat brille dans notre main.
A la France nos cœurs, sachons mourir pour elle
Ou revenant vainqueurs, répétons ce refrain :
    Gais enfants du travail, etc.

Maurice PATEZ.

LA LOGIQUE DE L'OMELETTE

Air : *Donne moi ton cœur.*

Bohême excentrique et parfois artiste,
J'allais à Charonne et j'ai, chez Savard,
Des Vatel manqués augmenté la liste
En laissant brûler l'omelette au lard.
Les logiciens peuv'nt mè chercher noise,
Mais j'ai lu souvent ces naïfs aveux
Daus un livre app'lé : *Cuisinièr' bourgeoise;*
On n'fait pas d'om lett' (ois) sans casser des œufs.

Le jeu du billard, travailleur, t'entraîne ;
Pour courir jouer, tu fuis l'atelier,
Tu perds en un jour ce qu'en ta semaine
Il fallut gagner à bien travailler.
Ton destin dépend du chiffr' d'une boule,
Sans réflexion tu perds, malheureux,
Le pain d'ton enfant en perdant la poule,

    On n' fait, etc.

Les ambitieux sont tous ridicules :
Boursier, qui te crois homme intelligent,
Sur les bruits du jour 'orsque tu spécules,
Tu veux avaler l'om'lette d'argent ;
La chanc' tient souvent à des peccadilles.
Que la baisse amène un jour désastreux,
Tristement, tu dis, comptant les coquilles :

    On n' fait, etc.

Filles, évitez les bals de barrières'
Où les passions ont de faux attraits,

Pou. vos jeunes cœurs, sages ouvrières,
Il est des plaisirs plus purs et plus vrais ;
L'ivresse du bal souvent enracine,
Des goûts qui tu'raient vos sens vertueux,
Et puis en amour, c'est comme en cuisine :

    On n' fait, etc.

— Faites-vous cirer, mon brave invalide,
Disait un gamin dont l'œil vif, narquois,
Fixait un soldat rien moins que solide
Et que supportaient deux jambes de bois.
— Gamin, dit l'troupier, j suis du troisièm
La guerre, il est vrai, m'a rendu boîteux, [zouaves,
Mais j'ai sur mon cœur l'étoile des braves :

    On n' fait, etc.

Gustave LEROY.

L'Expédition française en Syrie

CHANT DES SOLDATS

Air : *Le Peuple est roi.*

A ce long cri de deuil et d'épouvante,
La France entière a soudain répondu :
Vengeons, soldats, à sa voix frémissante,
Le sang chrétien, à torrents répandu.
Pour assurer les sublimes conquêtes
De la justice et de l'humanité.
Pour le soldat, les combats sont des fêtes,
Quand il combat, fils de la liberté.

Pour venger tant de sang et de larmes,
Quand la justice arme aujourd'hui nos bras,
En avant, Dieu bénira nos armes !
      Braves soldats *(bis).*

Foyer ardent des âmes généreuses,
La France, au faible, apporte son appui,
De ses soldats les clameurs belliqueuses
Vont saluant son étendard chéri ;
Le vieux Liban, les champs de la Syrie,
Comme autrefois verront nos bataillons,
Courons venger d'une ingrate patrie
Les fils chrétiens tombés dans les sillons.

    Pour venger, etc.

Frappons d'effroi ces Druses sanguinaires;
Dont le nom seul fait frissonner d'horreur.
Quoi ! des enfants, dans les bras de leurs mères,
Sont immolés à leur lâche fureur....
Quoi ! sous le plomb, le fer et l'incendie,
Le nom chrétien devrait bientôt finir,
Il s'éteindrait dans un cri d'agonie
Avec le sang de son dernier martyr !

    Pour venger, etc.

Quoi le drapeau glorieux de la France
A vu flétrir ses brillantes couleurs,
Pour effacer cette honteuse offense,
Noble drapeau, guide tes défenseurs ;
Sonnez clairons, éclatante fanfare,
Mêlez vos voix à celle du canon.
Soldats, chargeons cette horde de barbare,
Qui d'homme encor déshonore le nom !

    Pour venger, etc.

Fils mutilés, dissipez vos alarmes,
Enfin, voici vos frères d'Occident,
De leurs soldats vous protégent les armes,
Si vous mourez, mourez en combattant!
La France est là fidèle à son histoire,
Prions pour elle, enfants du même Dieu,
Que le canon d'un beau jour de victoire,
A vos martyrs donne un dernier adieu !

    Pour venger, etc.

MAURICE PATEZ.

Nigaudin

OU

LE PLUS BAVARD DU PAYS

CHANSONNETTE.

Air du *Bataillon d'Afrique*
ou de *Jeannette et Jeannot*.

Pourquoi donc, mademoiselle,
M'appellez-vous Nigaudin?
Pour moi vous êtes cruelle,
Je vous le dis, c'est certain ;
De vous voir porter chapeau
L'on jase dans le village,
De croire à ce bavardage
Je ne suis pas si nigaud.   *bis.*

J'écoute tout, sans rien dire,
Quoique vous ne m'aimez pas,

Et puis j'en vois plus d'un rire
Voyant tous vos falbalas;
De votre robe à cerceau
Enfin, chacun dit la sienne,
Moi, ça me fait de la peine,
Et vous m'appelez nigaud.

L'on vous appelle coquette,
L'on glose de vos atours :
Elle est jeune et gentillette,
Plus tard, adieu les beaux jours.
Je soupire à chaque mot,
Mon cœur bat comme une cloche,
Surtout quand je vous approche,
Et vous m'appelez nigaud.

Plus d'un amoureux, ma chère,
Vante souvent vos appas,
Vous disant : Je suis sincère :
Oui, mais ils disent tout bas :
L'on dirait d'un vrai tonneau,
Quand elle a sa crino'ine.
Moi, tout cela me chagrine,
Et vous m'appelez nigaud.

— Nigaudin, je vous assure,
Je ne crois p s ces cancaus,
L'on admire ma tournure,
Je rends jaloux les amants ;
J'épouserai le plus beau,
Ne suis-je pas bonne fille,
Ainsi laissez-moi tranquille,
Vous n'êtes qu'un vrai nigaud

F. E Pecquet.

C'ÉTAIT BIEN LA PEINE

Paroles d'Eugène BAILLET.—Musique de A. MARGUERIE

La musique se trouve chez l'Editeur, 10, rue J. de Brosse.

Pour éviter la mère André,
La vieille aux vilaines histoires
Qui font rêver des choses noires,
L'autre jour, d'un pas assuré.
Je traversais par le grand pré:
Tout à coup mon regard tomba
Dans le regard de Madeleine,   *bis.*

   C'était bien la peine.   *bis.*
   De passer par là,
   C'était bien la peine!   *bis.*

Je souris de contentement,
Madeleine sourit de même,
Je devins tout rouge et tout blême
Presque dans le même moment:
Par l'effet seul du sentiment.
Puis Madeleine se sauva
Toute joyeuse dans la plaine,   *bis.*

   C'était bien la peine   *bis.*
   De passer par là,
   C'était bien la peine!   *bis.*

Madeleine avait fait cent pas
Qu'Etienne mon ami d'enfance,
Galamment vers elle s'avance
Et tout en riant aux éclats
L'embrasse et la prend dans ses bras:
Si c'est pour être sûr qu'elle a
Des rendez-vous avec Etienne,   *bis.*

C'était bien la peine ⎫ *bis.*
De passer par là, ⎬
C'était bien la peine !   *bis.*

En la regardant s'éloigner,
Indifférente à mon martyre
Je sais bien que' j'aurais dû rire,
Ou tout au moins me résigner,
Mais je sentais mon cœur saigner.
Comment doit finir tout cela ?
Peut-être aux branches d'un grand chêne. *bis.*

    C'était bien la peine ⎫ *bis.*
    De passer par là, ⎬
    C'était bien la peine !   *bis.*

Lève-toi donc grand paresseux !
Dit une voix à son oreille;
Et l'infortuné se réveille,
Il avait fait un rêve affreux,
Madeleine est devant ses yeux.
Quoi ! Madeleine, te voilà !
Quel bonheur.—Bonjour Madeleine,   *bis*

    Que j'avais de peine, ⎫ *bis.*
    En passant par là, ⎬
    Que j'avais de peine !   *bis.*

COMMENT FILLE ÉVEILLE L'AMOUR

Air : *Pour faire un nid.*

Enfant naïve et si jolie,
Viens près de moi sous cet ormeau.

J'aime entendre ta voix chérie,
Aussi douce qu'un chant d'oiseau.
Depuis peu tu deviens rêveuse,
Tu me demandes chaque jour
Que je t'apprenne, curieuse,
Comment fille éveille l'amour.

Pour éveiller l'amour, petite,
Il faut ton souris gracieux,
Un cœur où l'innocence habite,
Ton cœur aussi pur que tes yeux.

A l'écho d'un cœur qui soupire
L'amour s'éveille sans retard.
L'amour s'éveille à ton sourire,
L'amour s'éveille à ton regard.
Il me semble qu'à ta présence
Tout brille d'un éclat merveille;
Mon cœur s'enivre d'espérance
Comme aux blonds rayons du soleil.

Pour éveiller, etc.

Bien plus qu'une riche parure
Et des perles dans les cheveux,
La simple fleur de la nature
A ton corsage me plaît mieux.
Ah! tu me parais aussi belle
Que la madone du manoir
Que tu vas, pieuse et fidèle,
A genoux prier chaque soir.

Pour éveiller, etc.

Oh! laisse ta main dans la mienne,
Laisse mes yeux chercher tes yeux.

Que ma bouche effleure la tienne,
Jurons de nous aimer tous deux.
Pourquoi trembler, m a douce amie,
Lorsque tu comprends à ton tour
Comment au printemps de la vie,
Comment fille éveille l'amour?

Pour éveiller, etc.

Maurice PATEZ.

LA CAPTIVE DÉLIVRÉE

Air de *Maure et Captive.*

Toi que le sort fit ma captive,
Vierge chrétienne aux si doux yeux,
Pourquoi mêles-tu sur la rive
Tes pleurs aux flots capricieux ?
Pourquoi pleurer quand tout s'éveille
Au souffle embaumé du plaisir ?
Toi seule, éclatante merveille,
Fleur d'amour, tu vas te flétrir.
    Ah ! renais a la vie,
    Où Dieu mit ton berceau
    Le ciel est-il plus beau?   *bis.*
    Pourquoi pleurer, Marie,
      Ta patrie ?

Les dons si doux que tu rejettes
Ici fixeraient ton bonheur ;
La liberté que tu regrettes
Souvent n'est qu'un prisme trompeur.

A toi des parures brillantes,
A toi le harem enchanté
Où dans les fêtes enivrantes
Tu règnerais par la beauté.
   Oh! reste, je t'en prie,
   Dans ce riant séjour
   De plaisir et d'amour ;   *bis.*
   Pourquoi pleurer, Marie,
      Ta patrie?

Moins ton maître que ton esclave,
Belle captive, à tes genoux,
Moi, des corsaires le plus brave,
Je tremble sous tes yeux si doux.
Tu chercherais en vain sur terre
Un cœur t'aimant plus que le mien ;
Daigne accepter, vierge si chère,
Mon cœur en échange du tien.
   Oh! quand je t'en supplie,
   Qu'un doux regard de toi
   Encourage ma foi;   *bis.*
   Pourquoi pleurer, Marie,
      Ta patrie ?

Pauvre enfant, tu pleures ta mère
Dont je te prive de l'amour.
Hélas! dans sa douleur amère,
Elle t'appelle chaque jour.
Va, je ne puis, douce Marie,
Briser ton âme dans sa fleur,
Moi qui t'aime plus que la vie,
Quoi! je causerais ta douleur!
   Adieu, vierge chérie,
   Seul il me faut souffrir;
   Garde mon souvenir.   *bis.*
   Je te rends, ô Marie,
      Ta patrie!

                Maurice PATEZ.

AMOUR ET INNOCENCE

Air : *Sous la garde de Dieu.*

Mère. autrefois j'étais folle et rieuse.
Tout me charmait, rien ne troublait mon cœur ;
Sous tes baisers je me sentais heureuse,
T'aimer alors faisait tout mon bonheur.
Un mal étrange et que pourtant j'adore
Me fait sourire et pleurer tour à tour ;
Je cherche, hélas! mais n'ose y croire encore...
Mère, crois-tu que ce soit de l'amour ?

J'aimais Julien autrefois comme un frère,
Mais maintenant je ne sais pas pourquoi
Quand il paraît, je me trouble, ma mère
Et je gémis quand il est loin de moi.
Au rendez-vous où je l'attends, fidèle,
En souriant je guette son retour,
Mais je rougis lorsqu'il me trouve belle. ....
Mère, crois-tu que ce soit de l'amour ?

Quand nous causons tous deux sous le feuillage
Nous oublions souvent qu'il se fait tard ;
Si tu savais comme est doux son langage,
Si tu savais comme est doux son regard.
Plus qu'autrefois sa présence m'est chère,
Je pense à lui tant que dure le jour ;
Son nom souvent se mêle à ma prière.....
Mère, crois-tu que ce soit de l'amour ?

Mère, pardonne à ta fille chérie,
Si pour aimer j'ai partagé mon cœur.
Oh! maintenant je comprends mieux la vie,
Julien me fut si gentil instructeur,
De l'avenir je deviens curieuse,
Puis aujourd'hui j'ai seize ans à mon tour,
Penser d'hymen me rend toute rêveuse.....
Oh! je le sens, mère, c'est de l'amour!

Maurice PATEZ.

L'ARGENT OU QU' CHA VA

Air de Frédéric BÉRAT

(L'Amour qu' c'hest qu' cha).

L'argent où qu' cha va,
Mon homme,
L'argent ou qu' cha va?
J'avions d' sous un sac grand comm' cha,
Y semblait qu' cha f'sait un' bell' somme,
Dis donc, mon homme,
L'argent où qu' cha va,
Où qu' cha va?
L'argent où qu'a va mon homme,
Mais où qu' cha va, mais où qu' cha va?

J'avions à c' matin
Qu'qu' chos' comme trent' livres,
Notr' provision d' vivres,

Et j' marchais comm' Catin
　　Su l' patin.
Notr' cher' sœu no d'mande
Une piech' de chent sous,
Nous qu avons l'âm' grande
J' prétons c' qu'est a nous.

　　L'argent, etc.

Fallait bien donner
Su ta radingote,
T achcter un cotte,
Payer mon tablier
　　Tout entier,
Des chabots a Blaise,
Un casque à Michel,
Un col a Thérèse,
Des bas a Marcel.

　　L'argent, etc.

Faut qu' cheux l' percepteux
J' sois avant une heure,
Faut deux livr's d' beurre,
Un chapelet d' glaceux
　　Et au qu'-z-œufs.
Puis, comm' chest dimanche,
Tu preidras t'en pôt,
Parc' que chest ta r'vanche
Avec l' gars Jeannet.

　　L'argent, etc.

Puis notr' dernier
Qu'est l' premier d' sa classe,

Faut qu' j' l' satisfasse
D'un' jeuness' d'un psautier
   Et d' papier.
J'ons la blanchisseuse,
Plus le jornalier,
Et notr' dette affreuse
Notr' écu d' loyer.

   L'argent, etc.

Faut qu' j' donne encor
A la fin d' la s'maine
Quinz' sous d'un' neuvaine
Qui m'assure le sort
   De Victor,
Un quatron d' chandelle,
Un bosset d' querbon,
Deux aun's de dentelle,
Un' briqu' de savon.

L'argent où qu' cha va, etc.

J.-B. GIRARD.

LA FÊTE DU BON DIEU

Air : *Si les fleurs parlaient.*

Un beau soleil verse à flot sa lumière
Sur les gazons, sur les buissons touffus ;
Où va jouant la brise printanière,
Mille parfums dans l'air sont répandus.
La cloche sainte à la prière appelle

Et tout sourit au regard du ciel bleu.
C'est aujourd'hui la fête la plus belle...
C'est aujourd'hui la fête du bon Dieu.

Petits enfants, anges aux têtes blondes,
Dansez, joyeux, sur le gazon fleuri.
Dans ces refrains de vos naïves rondes
Nous retrouvons un souvenir chéri ;
Mais aux plaisirs si purs de votre enfance
Trop tôt hélas! il faudra dire adieu.
Ah! profitez de vos jours d'innocence...
C'est aujourd'hui la fête du bon Dieu.

Gentils rêveurs que le printemps caresse,
Cœurs ingénus qui soupirez tout bas,
Pourquoi cacher cette vive tendresse
Dont le sourire a pour vous tant d'appas?
De nos grands bois, cachés sous le feuillage,
Ah! de l'amour faites le doux aveu,
Autour de vous tout parle son langage...
C'est aujourd'hui la fête du bon Dieu.

Braves soldats, déployez vos bannières,
Ornez de fleurs le canon des fusils,
Sonnez clairons aux fanfares guerrières !
Le cœur tressaille à vos accents virils!
Braves soldats, mêlez vos chants de gloire
Au chant sacré qui monte au divin lieu.
C'est aujourd'hui plus qu'un jour de victoire,
C'est aujourd'hui la fête du bon Dieu.

Que la discorde en ce jour soit bannie,
Et retrempant nos âmes et nos cœurs
Ah! respirons et l'amour et la vie;

De la nature admirons les splendeurs.
De l'indigent soulageons la détresse.
Ah ! que l'hiver il ait du pain, du feu...
Que ce beau jour lui porte une caresse...
C'est aujourd'hui la fête du bon Dieu.

Maurice Patez.

UN BON PROPRIÉTAIRE

Air de la *Ronde des conscrits*.

Je demeur' dans un' maison
Située rue d' la Roquette,
J' suis heureux comm' le poisson
Au fond d'une cassette.
J'ai la fumée d'un fondeur,
Mon r'gard plong' sur le cim'tière,
Des lieux j'ai l'odeur.
    Mai j'ai
    Par bonheur
Un bon propriétaire.
} bis.

Tous les soirs j'ai mon voisin
Qui sonn' de la trompette,
Par ses enfants chaqu' matin
J' sens se briser ma tête.
J' pourrais en héros d' malheur
M' plaindre d'un rich' locataire,
Ça m' donn' de l'humeur.
    Mai j'ai
    Par bonheur
Un bon propriétaire.
} bis.

Malgré ces désagréments,
J' suis heureux comme un prince ;
On a pas d's appartements
Quand on a l' gousset mince.
Chez moj l' papier, la couleur,
Sont exclus comm' nécessaires,
C'est noir à fair' peur.
    Mais j'ai
      Par bonheur
   Un bon propriétaire.
                    bis.

On n'a jamais tout c' qu'on veut ;
De ma pauvre couchette,
J' m'aperçois des fois qu'il pleut
La nuit surtout, c'e-t bête.
L' concierg' dit qu'a la chand'leur
J' s'rais garanti du tonnerre,
J' vis dans la fraîcheur.
    Mais j'ai
      Par bonheur
   Un bon propriétaire.
                    bis.

Pour deux cents francs l'on n' peut pas
Avoir tout avantage,
J'ai d' la place pour un mat'las,
J' monte qu'un sixième étage.
Pour solder, à la rigueur,
J' peux manger d' la pomme de terre
Des fois j' dîn' par cœur.
    Mai j'ai
      Par bonheur
   Un bon propriétaire.
                    bis.

Faites comm' moi qui suis logé
Dans une maison tranquille,

Pour éviter le congé
Restez toujours paisible,
Point d'enfant ni d' chien rageur,
Payez d'avance afin d' plaire.
Surtout d' la douceur
    Vous aurez
    D'honneur
Un bon propriétaire.

} *bis.*

LOUVIER.

JE FAIS SERMENT

DE NE PLUS BOIRE

Air : *J'avais péché par ignorance.*

Suzon, tu me boudes toujours,
Cela m'affecte, je t'assure ;
Ne suis-je pas depuis deux jours
Un chef-d'œuvre de miniature :
Un ivrogne et moi ça fait deux,
Mon épouse tu peux m'en croire ;

Car désormais, sur tes cheveux,
Je fais serment de ne plus boire, (*bis.*)

J'allais pour travailler lundi,
Mais le lendemain du dimanche
Il ne restait pas un ami

Qui pût raboter une planche.
Il fallut bien partir comme eux,
Rester eut é é dérisoire ;

Mais désormais, sur tes cheveux,
Je fais serment de ne plus boire.   (*bis.*)

Mardi j'arrive, quel guignon !
Il fallut faire une conduite,
Que j'ai quittée près d'Avignon ;
Mais je suis revenu de suite
Dans un état bien malheureux,
Ma raison était illusoire ;

Mais désormais, sur tes cheveux,
Je fais serment de ne plus boire.   (*bis.*)

Puis samedi, chez mon patron
J'arrive, on parlait politique :
L'Etat devait, assurait on,
Du vin seul tenir la fabrique.
Vingt cabaretiers généreux
M'ont rassuré sur cette histoire ;

Mais désormais, sur tes cheveux,
Je fais serment de ne plus boire.   (*bis.*)

Mais, mon enfant, et toi Suzon,
Vous dansiez une contre danse.
Quoiqu' imbibé, j'ai dit : c'est bon,
Dans l'eau plongeons mon existence,
Quand un ami tres-courageux
M'a sauvé de ce purgatoire ;

Mais désormais, sur tes cheveux,
Je fais serment de ne plus boire.   (*bis.*)

Enfin je ne suis plus pochard,
Je le redis encore, ma chère,
Et, foi de Loupin Lichonard,
Ma boisson sera de l'eau claire.
Pourtant, pour raviver nos feux,
Va chercher du vin chez Grégoire,
C'est le dernier, sur tes cheveux,
Je fais serment de ne plus boire. (*bis.*)

LOUVIER.

FIN.

Paris. — *Typ. Beaulé, rue Jacques de Brosse, 10.*

TABLE.

	Pages.
La Chanson de tout le monde.	5
La Fille sans façon,	6
La Saint-Lundi.	8
La Voisine de Madame Roquefort.	9
La Tireuse de cartes (romance).	11
Nicolas l Amoureux.	13
La Cinquantaine.	14
Les Goûts.	15
Le Chapelier de Rosine.	17
Une Aumône.	21
Le Pays des oiseaux.	22
Mademoiselle Frisette.	24
Le Mari de Jeannette.	26
La Fête du pays.	27
Nous vous marirons.	29
La Fête de cheux nous.	31
Ma Cuisinière.	33
Aux Chrétiens de Syrie.	34
Menteur et Boudeuse.	36
La Marguerite.	37
La Recherche de l'impossible.	39
Une Soirée chez mon Portier.	41
Nicolas et Nanette.	43
Richesse et Simplicité.	45
Pourquoi mentir ?	46
La Meilleure Femme du monde.	48
Voilà pourtant c' que c'est.	49
Turlurette.	51
Les Tribulations d'un Héritier.	53
La Bavaroise.	
Le vrai Philosophe.	

Les Belles de Paris.   58
L'Ennui d'être Garçon.   60
La Maison du bon Dieu.   62
La Marchande de Poisson.   63
Les Trois Amoureux de Suzette.   65
La Fille de l'Auvergnat.   67
La Semaine des amours.   69
La Fille discrète.   71
Le Farceur du village.   73
Le Pays des Chinois.   75
La Goutte de Rigaud.   78
Lisette et Rigolboche.   79
La France guerrière.   81
Je suis d'Allemagne.   83
La Chanson du travail.   85
La Logique de l'Omelette.   87
L'Expédition française en Syrie.   88
Nigaudin.   90
C'était bien la peine.   92
Comment Fille éveille l'amour.   93
La Captive délivrée.   95
Amour et Innocence.   97
L'Argent où qu' cha va.   98
La Fête du bon Dieu.   100
Un bon Propriétaire.   102
Je fais Serment de ne plus boire.   104

A.

FIN.

Paris. — Typ. Beaulé, rue Jacques de Brosse, 10.

www.ingramcontent.com/pod-product-compliance
Lightning Source LLC
Chambersburg PA
CBHW060627100426
42744CB00008B/1535